ノルウェーを変えた

髭《ひげ》のノラ

男女平等社会はこうしてできた

三井マリ子――〈著〉

2009年9月14日深夜、ノルウェー国会での記者会見。
7政党中4党が女性党首（180ページ）

明石書店

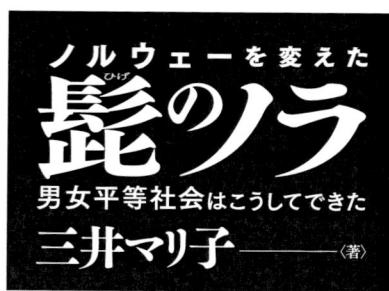

まえがき

ノルウェーの文豪イプセンが戯曲『人形の家』を世に出したのは、一八七九年であった。

弁護士の夫は、妻ノラを「うちのヒバリ」と呼んで可愛がった。しかしノラには隠し事があった。病気だった夫を救うため、借用証書にニセのサインをしてお金を工面した。妻は、夫の許可なしには借金をする権利すらなかった時代のことだ。

偽署を知った夫は、ノラを犯罪者とののしり、「おれがお前の犯罪行為に加担していたと世間から疑われるんだ」と激高する。

夫の愛は、「寄る辺ないちっちゃな赤ちゃん」への愛であったと、ノラは悟る。そして「私は、何よりもまず人間です。あなたと同じくらいに」と言い残して家を出てゆく。夫と子どもを捨てて。

家出をしたノラのその後について、イプセンは何も語っていない。

もしかしたら、女性参政権獲得運動をしたかもしれない。既婚女性の権利獲得のために法律改正運動をしたかもしれない。マッチ工場で働き、賃上げのストに加わったかもしれない。女性の入学が初めて認められた大学で、法律を勉強したかもしれない。

ノラが家出をして一三〇年。いまやノルウェーの男女平等は世界最高水準にある。そんなオスロの町で、二〇〇九年夏、私はおもしろい女性のポスターを見つけた（表紙カバー）。口髭をつけた女性が意味ありげに微笑んでいた。スローガンは「ひと筆で賃金格差を減らせますよ」。髭は男の象徴だから、女性の低賃金を上げるには男になるしかないのか、と訴えているようだった。

ノラの末裔たちは、まだ社会変革の手綱を緩めようとしていなかった。でも、今度は、髭をつけて、皮肉たっぷりに。

男尊女卑の国から抜け出せないこの日本で、
女性解放を求めて頑張るあなたに、
女性議員が一人もいない四四三自治体のどこかで暮らすあなたに、
ノラたちのユーモアあふれる闘いをおすそわけしたい。

ノルウェーを変えた髭のノラ

男女平等社会はこうしてできた

もくじ

ノルウェーの地図と概要

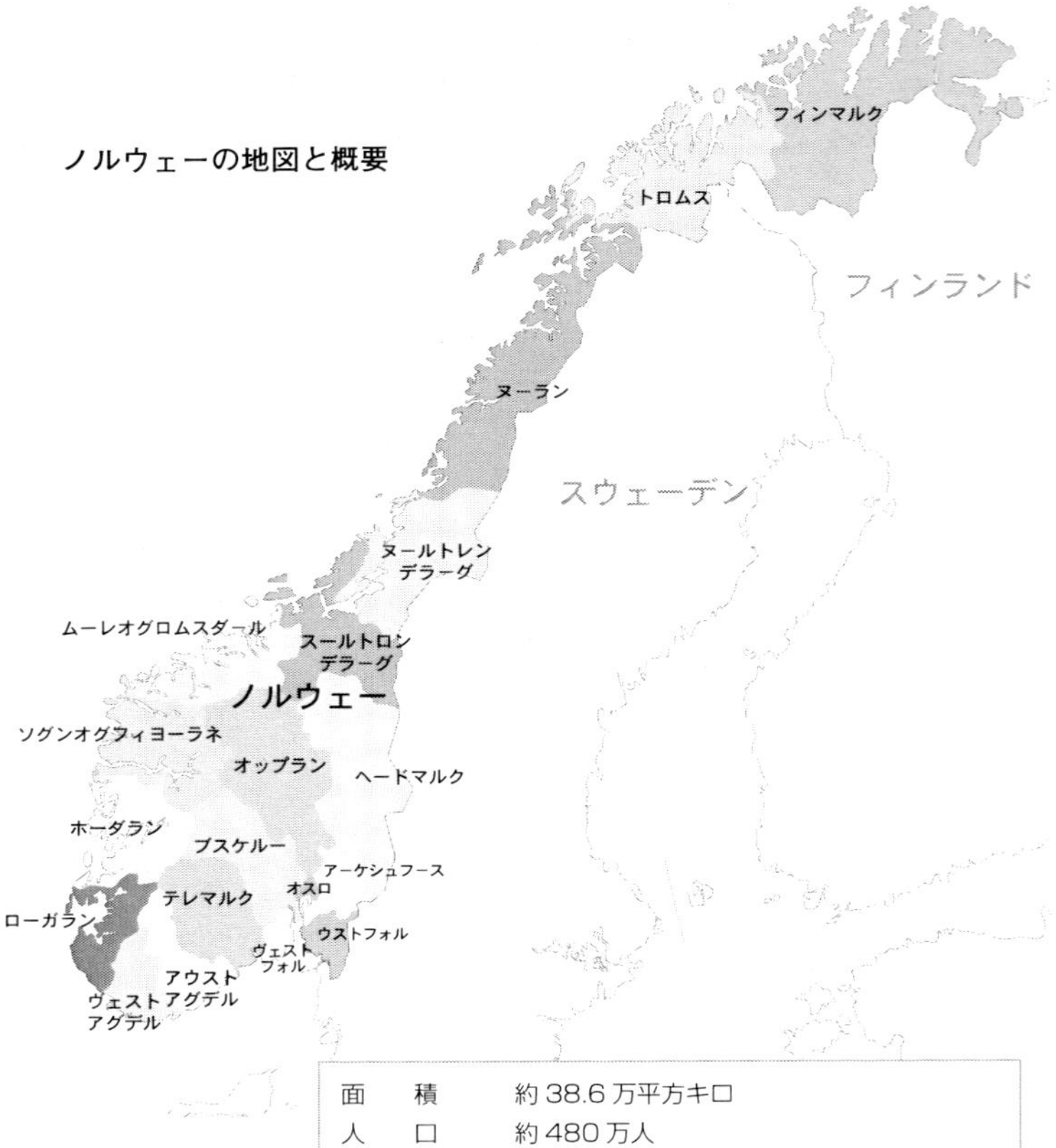

面　積	約 38.6 万平方キロ
人　口	約 480 万人
首　都	オスロ（人口 58 万人）
政治体制	立憲君主制
宗　教	キリスト教福音ルーテル派
通　貨	ノルウェー・クローネ（1NOK=15 円）
G D P	1 人当たり 53,450 ドル（日本の約 1.7 倍）
言　語	ノルウェー語
外　交	NATO、EFTA の加盟国。EU には非加盟
産　業	漁業、石油関連産業

第 1 章

クオータは平等社会へのエンジン

ノルウェー国会議事堂。169 議席のうちの 66 議席、39.1％に女性が座る。40％に達しないのはクオータ反対政党があることと、各党候補者名簿の 1 番目に男性が置かれる傾向のためだ（オスロ市 2009）

1 女性四〇%内閣の衝撃

●一八人の大臣の中に女性が八人！

ノルウェーが男女平等の進んだ国だと初めて知ったのは、一九八六年五月一九日の朝だった。私は食事をしながら新聞を読んでいた。

「ノルウェーの新閣僚、一八人中女性が八人」

この見出しに私の目はくぎづけになった。グロ・ハーレム・ブルントラント首相（女性）のほか、七人の女性の顔写真が並んでいた。

記事にはこう書かれていた。

「あらゆる組織で、女性の比率を最低四〇%とする、というのが労働党の方針……」

私は新聞を食卓に置いたまま出勤したが、その日は一日中、ノルウェーの女性四〇%内閣で頭がいっ

14版 1986年(昭和61年)5月19日 月曜日
時時刻刻
ノルウェーの新閣僚、18人中女性が8人
現地の声は「当然よ」
女性比率40% 党の方針
首相「もっと増やせるわ」

『朝日新聞』1986年5月19日

ぱいだった。帰宅すると記事を切り抜いて、書斎の本棚側面の目立つところに貼りつけた。机に座って記事と対面するたびに、私は首をかしげた。

「四〇％を女性にする方針」って何のことだろう？

●アファーマティブ・アクションとクオータ

一九八六年当時、日本の女性衆院議員は五一一人中八人で、一％だった。女性閣僚は一人もいなかった。その前年の一九八五年には、男女雇用機会均等法案が、肝心かなめの「募集採用の女性差別禁止」が盛り込まれないまま成立してしまった。同法制定運動を続けてきた私は、暗澹たる気持ちで日々を送っていた。

そんな私の目に、「男女半々に近いノルウェーの閣僚たち」のニュースが飛び込んできたのだから、目の前が明るくなったのも当然である。

しばらくして、「女性を四〇％にする方針」とは、「クオータ quota」（割り当て）のことではないか、と思うようになった。

クオータ（四分の一を意味するクオーター quarter とは全くの別物）は「アファーマティブ・アクション」の一種で、大学や会社などが、黒人など社会的歴史的な差別ゆえに排除されてきた人たちに、あらかじめ一定の人数枠を割り当てておき、その人たちが入りやすくすることを指していた。

八〇年代初頭、フルブライト奨学金をもらった私は、ニューヨークにあるコロンビア大学に留学した。大学で黒人差別を扱う講座を受講し、黒人を積極的に救済する制度「アファーマティブ・アクション」について学んだ。

その政策には、差別されてきた人だけを集めて教育研修を受けさせたり、その人たちの奨学金を加算したりと、さまざまなやり方があった。その一つに、大学入試や役所の雇用の場面で、その土地の黒人の人口比に応じて受け入れ黒人枠を決めておくという方法があった。それがクオータ（割り当て）だった。コロンビア大学構内の壁にも「私たちの大学はアファーマティブ・アクションを奨励します」という張り紙があった。

帰国して間もなかった私は、ノルウェーの「四〇％を女性にする方針」について思案するうちに、アファーマティブ・アクションの一種である「クオータ」を思い出した。しかし当時の日本では「クオータ」には否定的な意味が込められていた。非白人枠（つまりクオータ）を設けていたカリフォルニア大学医学部に不合格となった白人学生が「白人ゆえに入学を拒否されたのは不当」と提訴。アメリカ連邦裁判所は、同大学医学部のアファーマティブ・アクションは違憲と判決した。日本に伝わってきたのは、この違憲の「アメリカのクオータ」だったのだ。

「ノルウェーのクオータ」について、いい文献はないものかと図書館に通ったり、ノルウェー王国大使館に問い合わせたりした。しかし、よい資料は見つからなかった。

2　ブルントラント首相と会見

●男女平等の秘訣を探しに

当時の私には、ノルウェーはあまりに遠い国だった。

ヘンリック・イプセンの戯曲『人形の家』は読んでいたが、フィヨルドと白夜の国ぐらいのイメージしかなかった。それが、一九八六年五月一九日を境にして、「閣僚の四〇％を女性にした偉大な国」となった。しかし、ノルウェーについて詳しく知りたくても、情報は非常に少なかった。これは自分の目で確かめるしかないという思いが募った。一九八九年、私は、短い夏休みを使ってノルウェーを視察することにした。

ノルウェーの歴史をひもとくと、つい一世紀前まではヨーロッパの最貧国の一つだった。女性の地位は低く、『人形の家』の著者イプセンは、「女性は一人の人間たりえなかった」と書いている。『人形の家』は、主人公ノラが「私は、何よりもまず人間です」と、夫と子どもを捨てて家を出ていく場面で終わる。しかし、一九世紀に生きたノラには、結局、家に戻ってくるしか生きるすべはなかったろう、と後に出た多くの本は書いている。

イプセンに影響を与えたとされる一九世紀の女性の作家カミラ・コレットも、彼女自身を取り巻く環境をこう表現している。

「私は、押しつぶされるような孤独と二重の抑圧の中にいました。女に産まれついたことによる家族の中での強い抑圧、家族以外の人々からの抑圧、そして女らしさを要求する厳しい法律による抑圧です」

二〇世紀になっても、ノルウェーは「ヨーロッパの中でも女性が家事労働に携わっている比率が一番高かった」そうだ。[1] そんな国が、なぜ、閣僚の四〇%を女性にするような男女平等を達成できたのか。二〇世紀のノラたちは、どのような闘いをしてきたのか。その秘密が知りたかった。

●男女平等法と白い小さなバッジ

帰国後、私は、ノルウェーで手に入れた資料をもとに、少しずつクオータについて勉強し始めた。資料の中に、ノルウェーの知人が「これこそがクオータよ」と教えてくれた英語の文献があった。ノルウェー男女平等法二一条だった。

「四人以上からなるすべての公的審議会、委員会、評議会などは、任命、選挙を問わず、一方の性が四〇%を下回ってはならない」とあった。しかし、いくら読んでも「クオータ」という言葉が見当たらない。ノルウェー語の条文には、クオータにあたるノルウェー語kvoteという言葉があるかもしれないと思って、一語一語、文字通り手でなぞりながら原典を調べた。が、どこにもkvoteはなかった。「一方の性が四〇%を下回ってはならない」という規定こそが、性による割り当て、すなわちクオータを意味するらしいことまではわかったが、そのクオータという語が書かれていないことが気になった。

ノルウェーの政党関係者に直接会って聞きただすしかないと思った私は、一九九〇年、再びノルウェーを訪問した。そのとき、小さなバッジをもらった。そのバッジにKvoteという言葉が刻まれているのに気がついた。

一〇円玉ほどの小さな白いバッジ。白地に黒で♀マークが書かれ、丸印の中に赤いバラがアレンジされていた。輪郭にそってゴシックで書かれた文字はJEG ER KVOTERT。その下に小さくI love it!という英語が書かれている。JEG ER KVOTERTは、英語にするとI am quoted。つまりバッジのメッセージは、「私はクオータされました。クオータが好きです！」となる。

赤いバラは労働党のシンボルだった。バッジは労働党女性部がクオータについて広く知ってもらうために、さらにはクオータの支持者を増やすために、つくったものだった。このバッジを、私は今でも大切に保存している（六四ページ）。

保守中道内閣でも女性は四〇％以上

一九九〇年のノルウェーは、政権が代わり労働党内閣ではなかった。保守党を最大与党とする保守中道内閣だった。首相も男性だった。私は「女性閣僚は減っているに違いない」と思ったのだが、これは浅はかな先入観だった。

保守党のヤン・シーセ首相の内閣でも女性は一九人中八人で、四〇％を超えていた。政権交代はあっても、女性閣僚の数に後退はない。私は、ノルウェーをますます好きになった。そのときの私のメモには、女性の閣僚たちについてこんなふうに書いてある。

「八人の女性閣僚のうち、子どものいない人は、最年少でエコノミストの労働自治相（三三歳）だけ。残る七人はすべてママさん大臣。社会福祉相は熱帯医学の専門家で子ども一人。文化学術相はリハビリテーション専門医で子ども四人。農業相は農業女性協会の幹部で子ども三人。消費行政相は政治キャリアの長い党人で子ども四人。法務大臣は最高裁判事も務めた法律家で子ども三人。環境相は教師経験者で子ども三人。貿易海運相は三九歳の保守党幹部で子ども二人。結婚の有無はもちろんのこと、サンボー（同棲相手）まで公言している」

女性閣僚のほとんどが、三、四人の子どもを育てながら、さまざまな分野でキャリアを磨いていた。男性閣僚も、結婚や離婚、子どもの数、それに、日本なら公にする習慣のなかったサンボーの名前も公表していた。そのおおらかさには敬服した。

●個人の問題は政治問題である Personal is Political

二度目のノルウェー訪問の後、ノルウェーは労働党政権に戻った。

そのときの子ども・家族大臣は男性だった。男女平等省でもある子ども・家族省の大臣に男性がついたのは初めてだった。彼は、自分の家族を引き合いに出しながら保育園・学童保育問題の充実に取り組んでいた。ところが、しばらくして大臣を辞任してしまった。その理由が、「大臣は忙しすぎる。僕は、家族と過ごす時間を大切にしたい」だった。この行動は批判されるどころか、「男女平等を地でいった人物」と受け止められた。

そもそも女性初の首相グロ・ハーレム・ブルントラントは、環境大臣に任命された当時、一〇代半ばの長男を筆頭に育ち盛りの子四人の母親だった。いったいどうやって家庭と大臣職をまっとうできたのか？

その秘密は保育園と夫にあった。彼が夕方早く帰宅して子育てをしたのだ。

何年か後のことだが、ブルントラントの次の首相に決まりそうだったトルビョルン・ヤーゲランの記者会見の言葉は振るっていた。

「一分前、妻に電話して、首相になりそうだがどう思うかと相談したら、いいでしょうと言われました」だった。さらに、「床の拭き掃除は、彼の役目ですから」と答えた労働省雇用安定局に勤める妻の発言も報道されていた。

日本では、「子どもの面倒を見てくれる私の母がそばにいますので、ラッキーです」などと言うキャリアウーマンの声をメディアはよく流す。だが、実際は世の中そうそうラッキーな人ばかりではない。

ノルウェーの場合は三世代同居のような慣習もない。政治家にせよほかの職業にせよ、女性が子どもを育てながら働き続けるためには、まず夫やサンボーとの家事育児分担が何よりも求められる。もちろんそんな分担だけではダメで、社会福祉サービスがなくては長続きするわけもない。保育園・学童保育の充実、柔軟な労働時間、育児休業は必須条件だ。こうした女性支援策ともいえるサービスがノルウェーで次から次に誕生したのは、男性議員の多くも、家族や私的生活に重要な価値を置いているからだ、と思えてきた。

個人の問題は政治問題である Personal is Political（パーソナル・イズ・ポリティカル）を実践しようとしているノルウェーに、私の興味はさらに増した。Personal is Political は一九六〇年代にアメリカで火を噴いた女性解放運動の重要なスローガンだ。妊娠中絶、性暴力、際限なく続く家事育児介護……など長い間、女性の私的な問題とされてきたテーマを社会問題化していこうという運動を象徴する言葉となって、世界中に広まった。

クリスティン・ハルヴォシェンとの対談

話は一九九〇年のノルウェーに戻る。

私は、左派社会党の国会議員クリスティン・ハルヴォシェンをノルウェー国会議事堂に訪ねた。彼女は、一九九七年からこの本の出る二〇一〇年現在まで、左派社会党の党首である。二〇〇九年秋までは財務大臣として、ノルウェー国家予算の最高責任者だった。現在は、教育大臣に就任している。

でも、一九九〇年当時の彼女は、左派社会党から当選したばかりの新人国会議員で、まだ二〇代だった。真っ白なTシャツにコットンのミニスカートといういでたちで、私の前にニコニコしながら現れた。彼女は、左派社会党の候補者名簿に自分の名が初めて載ったときのことを、こんなふうに話した。

「一九八四年のことですが、翌年の国政選挙に向けて、候補者名簿をつくるための会議が開かれました。私はオスロ在住ですので、オスロ市の左派社会党の選挙委員会で話し合いがありました。左派社会党の候補者名簿のトップは党首で、男性でした。通常では二番目にも男性が載るはずでした。なぜかというと、その男性は、左派社会党を結成した要人で、有名な政治家でしたので、当然の順番でした。ところが、左派社会党には、候補者リストの四〇％を女性にするのみならず、順番も男女交互にするという規則があるために、二番目には男性ではなく女性を載せざるをえなかった。それで、二四歳の私がノミネートされたのです。でも選挙の結果、私は次点でした。次点ですから代理議員となったのです。オスロから当選したわが党の党首である国会議員が病気などで議員職を務められないときに代理を務める議員です」

クリスティン・ハルヴォシェン財務大臣（右）と娘。お手伝いを雇わず夫と２人で子育てをやりとげたことが自慢（オスロ市の自宅 2008）

代理議員といっても、委員会や本会議には出席するし、国会議員歳費も支払われる。ノルウェーの場合、国会議員と大臣の兼任は禁止されているので、大臣になるとただちにその政党の議員ポストが空く。そこを埋めるのが代理議員なのだ。ノルウェーでは国際機関の要職につく政治家や、育児休業や病欠をとる議員も多く、その穴埋めも代理議員がする。代理議員については、私の本『男を消せ！――ノルウェーを変えた女のクーデター』（毎日新聞社、一九九九年）の「代理議員制度」を参照してほしい。

ノルウェーの国政選挙は、四年ごとに行われる。欠員ができても、補欠選挙がない。一九八五年の選挙で代理議員となったハルヴォシェンは、その四年後の一九八九年秋、国会議員に初当選を果たす。

ハルヴォシェンは、「私は、わが党のクオータのおかげで国会議員になれたのです」と私に言った。あの白い小さなバッジのメッセージとまったく同じだった。

「初当選のとき、私は息子を出産したばかりで、育児休業中だったのです」とも言った。驚いた私は、生まれたばかりの赤ん坊を抱えてどうやって選挙活動ができたのか、当選後はどうやって国会議員をやれたのかと尋ねた。

「選挙運動は、とくに難しくはありません」。候補者個人がその名を連呼し市民に支持を訴える日本と違い、ノルウェーは政党がその政策を市民に問う完全な比例代表制選挙だ。だからこそ、出産直後の育児休業中の新米ママでも可能なのだ。このような選挙制度や選挙運動については後述する。

国会議員当選後は、ノルウェー国営放送音楽部門専門ジャーナリストだった夫が、放送局を退職（！）して、家事育児全般の面倒を見てきた。

「クオータで、候補者の四〇％以上を女性にすることになっていますが、ノルウェーでも家事の主要部分は女性が負担していますから、女性候補者を探し出すのは難しいんですよ。一九八九年の国政選挙で左派社会党は二倍増の一七議席になったので、地方議会でも……と張り切ったのですが、地方では女性候補者の説得に苦労しました。でも、地方議会選挙の候補者リストを比べてみると、女性の割合は、左派社会党がどの党よりも高いのですよ」

約束の時間を三〇分ほど過ぎたころ、彼女はこう言った。

「あ、もう出ないと間に合わない。今日は、私が保育園に子どもを迎えに行く日。失礼しまーす」

こうして、小さな白いバッジと、クリスティン・ハルヴォシェンのおかげで、男女平等法のクオータがぐっと身近になった。クオータは、委員会や審議会など公的な決定の場に導入されているばかりでなく、選挙の候補者名簿を作成する際にも実行している政党があるということが、実感できた。

●男女平等法は政党を拘束するか

そんな私に、ノルウェー政府から、思いがけないプレゼントが届いた。「ノルウェーに行き、各界の女性のリーダーと会って、ノルウェーの女性の現状について調査しませんか」という招待状だった。一九九一年の夏だった。

一九八九年に初めてノルウェーを訪れて以来、「男女平等オンブッド」事務所を訪問した衝撃が忘れられず、その役割や機能について日本のメディアに発表していたことが、東京のノルウェー王国大使館の目にとまったらしかった。

ノルウェー政府の招聘プログラムで、私は、多くの男女平等政策や女性政策について知ることができた。クオータについても、あたまが整理されてきた。

「公的決定機関には女性が四〇%以上いなければならない」という表現は、男女平等法が制定された一九七八年から一〇年後の一九八八年の法改正で明記されたことがわかった。私のノルウェー初訪問の一年前だった。ノルウェーでも、四〇%という具体的な数値を法律で決めるのに、一〇年もかかったのだ。

ノルウェーの男女平等法二一条は、国や地方の行政の政策決定の場の構成員を、男女ほぼ半分ずつにしなさいと指示しているものの、政党に対しては何も言っていない。行政の委員会や審議会などに女性が増えても、選挙に立候補して当選する女性が増えないことには、本当の壁は越えられない。そこで次なる疑問がわいてきた。

「男女平等法二一条は、政党にも強制力があるのだろうか？」

●ブルントラント首相にインタビュー

ノルウェー政府の公式招聘プログラムとはいえ、超多忙のグロ・ハーレム・ブルントラント首相には会えないだろうと思っていた。ところがノルウェー滞在中に、首相の時間がとれそうだという知らせが入った。

首相官邸の一六階のフロアに通された。天井から床までの大きなガラス越しに外が見える応接室だった。ベランダの向こうに、うっそうたる緑の公園と、白いヨットの浮かぶオスロ港が一望できた。眼を横に移すと、美しい景色よりもさらに私の目を奪うものがあった。歴代首相の写真だった。セピア色に変色した昔の首相から現代まで、すべての顔は男、男、男。女性はブルントラントたった一人だった。

女性はブルントラント（下段の右から２人目）だけの歴代ノルウェー首相の肖像写真（首相官邸 1991）

そこに、赤とブルーの花模様のワンピースに鮮やかなブルーのジャケットのブルントラント首相が現れた。第二次ブルントラント内閣で、閣僚一八人中八人を女性にして世界中に〝女の内閣〟旋風を巻き起こしたご当人だった。

二〇分間の独占インタビューのさわりを再現する。(2)

●クオータは必要不可欠な制度だった

私　政治学者ヘンリー・バーレン博士が、「現内閣は、この人をおいてこの大臣のポストはありえない、というくらいのすぐれた人事だ」と言っていましたが、これだけ多くの有能な女性を探し出し、的確なポストにつけるためには、何か特別な秘策でもあるのですか。

ブルントラント　特別なシステムはありません。八人の女性大臣のうち五人は国会議員です。この人たちばかりです。ほかの三人も、豊富な経験と知識を持った人たちです。この人たちはみな、議員としてとても有能な人たちです。一人は歌手ですが、労働組合の文化活動リーダーとして長い経験を持った人ですし、一人は前の労働党内閣時代に副大臣としていくつかの省を担当した、政治経験の豊かな人です。もう一人はノルウェー労働党新聞編集長として党経験の長い人で、ノルウェー開発協力局の責任あるポストにいた人です。

私　国会に女性議員が三六％もいるんですね。首相の労働党に限ると五一％が女性ですね。まず国会議員の中に女性がたくさんいるということですね。ノルウェーにはどうしてこんなに

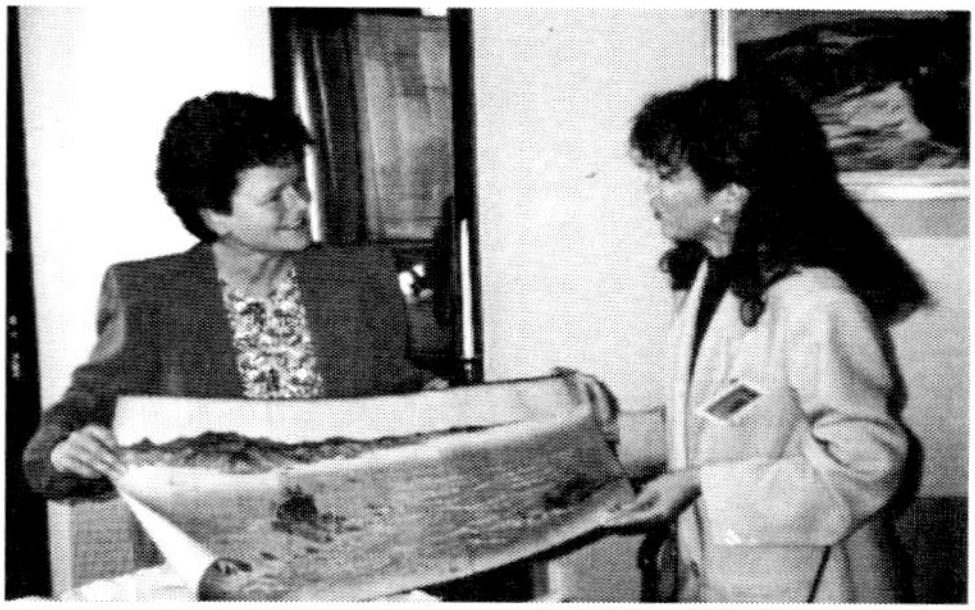

ブルントラント首相（左）と筆者（首相官邸 1991）

多くの女性議員が生まれたのでしょう。

ブルントラント　一九八三年の労働党大会で、すべての決定機関に女性が四〇％いなければならないというクオータを決め、同時に選挙名簿にも四〇％女性を入れること、並べ方は男女交互にすることを決め、実行したからです。初めは大変でしたが、各方面で効果をあげているので、今では誰もクオータに疑問を抱くことがなくなりました。

私　四〇％と、初めから割り当てを決めておくクオータに対して、反発はなかったんでしょうか。

ブルントラント　まず申し上げたいのは、クオータは必要不可欠な制度だったということです。あなたの働いている東京都議会では、女性は今何％いますか。

私　ようやく一三％です。地方自治体の中では多いほうです。東京都議会の歴史の中でも一〇％を超えたのは初めてのことです。

ブルントラント　うーん、一〇％台ねぇ。ノルウェーでは、一〇％というのは三〇年前の数字です。四〇％のクオータを決めた八〇年代に、女性の国会議員は、すでに二五％いたのです。四〇％という数字は、それほど大幅なジャンプではなかった。一度にあまりにも大きなジャンプをすることは危険ですからね。

私　四〇％と党大会で決めたら、すぐに全国どこの選挙区でも実行できるものなのでしょうか。

ブルントラント　一九八五年の国政選挙でした、わが党がクオータを初めて適用したのは。選挙区が二〇に分かれているのですが、そのうち、一選挙区を除いて、全選挙区でクオータが守られました。選挙区名簿の一番が男性候補なら、二番には女性候補がくるようになったのです。その例外選挙区には、男性の候補者二人が、まったく違う地区から出ていたので、どうしても中央の決定には従えず、一番、二番とも男性になったのです。でも、そこも次の選挙からは女性候補が二番目にきました。すべての県は党の規約を守りました。

「彼女を捨ててしまえ!」

このノルウェー訪問では、オスロ市長（オスロは県なので県知事でもある）候補のアン＝マリット・セーボネスにも取材した（彼女は市長に当選した）。ノルウェーとはいえ、女性が初めて大政党のトップにつくことは大変なことだった、とこんなエピソードを私に話した。

「グロ（ブルントラント首相のファーストネーム）が、労働党初の女性の副党首になったのは一九七〇年代で、一九八一年には労働党初の女性党首になりました。当時、反対党のキャンペーンは何だったと思います？『彼女を捨ててしまえ！』でした。車の後ろに貼るステッカーだったのです。女性党首はグロだけなので、労働党を批判していることは明白でした。つまり女はダメだ、と言いたかったのです。でも、二度とそんなひどい言い方はしなくなりました。女性が政党のトップについても、もうどうってことはなくなったのです。男性がそうであるように、ね。グロが道を拓いたのです。グロの功績です」

アン＝マリット・セーボネスが教えてくれた「彼女を捨ててしまえ！」のノルウェー語は“Bli kvitt a!”。aは、ブルントラントと労働党の二つを同時に意味する。ノルウェー王国大使館のドッテ・バッケ一等

オスロ市長候補アン＝マリット・セーボネス（オスロ市庁舎 1991）

書記官によると、Bli kvitt は古着やゴミなどを捨てる際に使う言葉だという。

ノルウェーの文献やブルントラント回想録『世界で仕事をするということ』[3]によると、グロ・ハーレム・ブルントラントの母は、法律の勉学をしているころ、恋愛し、グロを妊娠している。恋人は医学生で、つまりグロの父親だ。

二人は、ナチスドイツに反対するレジスタンス運動の闘士だった。オスロのアパートの台所には違法新聞発行のためのタイプライターが隠されていた。母はゲシュタポに連行される体験もしている。

戦時中、グロと弟は、弁護士であるストックホルムの祖母の下に疎開していた。グロは三、四歳だった。回想録には、「祖母は弁護士の仕事があったので、私たち二人は『子どもの家』に預けられることになった」とある。その後、母親も子どものいるストックホルムに疎開してきて、難民事務所で働き出した。「パパは縫い物をすることもあれば、料理もした」と回想しているように、父も進んでいる男性だった。

抵抗運動に身を捧げた両親、性役割分業のない家庭環境、幼いころから保育園で育てられた経験などが、後の彼女の行動や考え方に影響を与えたのだろう。

●労働党のクオータ導入時の議論

ブルントラント首相は、労働党が、政党の憲法（日本の「綱領」にあたる）にクオータを導入し、それを厳格に守っている、とも言った。労働党はノルウェー最大の政党だから、労働党がクオータを実行したことによって、議会に女性がドーンと増えたのは当然だった。

ブルントラント首相とのインタビューでは踏み込めなかったのだが、クオータ導入時の労働党内の議論を、私はどうしても知りたかった。アン＝マリット・セーボネス市長が話した『彼女を捨ててしまえ！』というステッカーのこともあり、党内反対派をどう説得したのかを聞きたかった。

クオータ導入時のことをよく知っているという労働党国際部のシーリ・ビェルケを訪ねて、オスロのユングス広場にある労働党本部に行った。

彼女は、八〇年代初めの党内事情をこう話してくれた。

「一九八一年に、党内のすべての組織に両性の代表がいなければならないという方針を決めました。いわばクオータの精神が党内で認められたのです。二年後の党大会では、選挙・指名を問わず、どちらかの性が少なくとも四〇％は選ばれなければならない、という文章が入れられました」

一九八三年といえば、ノルウェー男女平等法が改正されて「四〇％のクオータ」を明文化したときより五年も前だ。

「ええ、国の法律より前です。ですから四〇％などできっこない、無謀だ、という党員が少なからずいました。それは戦争といってもいい激しい意見の対立でした」

シーリ・ビェルケの話をまとめると、「すべての政党はクオータを取り入れるべき」だという声がノルウェー社会に現れたのは七〇年代で、声を上げたのはウーマン・リブ運動を経験した女性たちだった。労働党内にも、ウーマン・リブの運動家が多くいて、すでに七〇年代から党内の女性部を中心にクオータ導入が要求されていた。しかし、党中央が決定するには至らなかった。女性たちは、党内で提案を続けた。「それは、それは、一生懸命に積極的に」頑張った結果、少しずつ党内に認める空気が育っていった。その結果、一九八三年に党の綱領に明文化され、一九八五年の国政選挙から実施されたのだった。

クオータ賛成派が反対派を説得した論法は、シーリ・ビェルケによると次のようなものだった。

「比例代表制の選挙候補者を、地域ごとに何人と決めているのもクオータといえるのではないでしょうか。優秀な人材が、ある地域、たとえばオスロ市に多くいるとわかっていたとしても、その地域からのみ候補者を選ぶことはありえませんね。すべての地域から代表を公平に選んでいます。それに、党は候補者の職業のばらつきにも大変気を配っています。たとえば、教員だけを名簿に並べたり、電気技師だけを並べたりはありえないことなのです」

A地域の農民代表が、B地域の漁民の声を代弁することが困難なように、男性だけでは女性の代弁は難しいという理屈なのである。

●一八一四年の憲法制定国会

ノルウェーの憲法は一八一四年にできた。この憲法は、一九世紀初頭としては、世界で最も民主的な憲法だったと言われている。憲法制定国会は、オスロの北方にあるアイツヴォルという土地にあり、今は博物館となっている。これまで私は三回訪ねた。

男性ばかりだったのは当然だとしても、どういう男性たちが、世界で最も民主的だと言われる憲法をつくったのだろう。

博物館員の説明によると、メンバー一一二人は、ノルウェー全土約六〇地区から一人ないし三人ずつ選出されていた。博物館員は、憲法制定会議が行われたという部屋で、「ここが一八歳の最年少議員が座ったところです」と指さした。メンバーの略歴を見ると、職業は、官吏、牧師、教授、軍人、農民、商人と、当時のほぼすべての職業が網羅されているほど多彩だ。年齢も六〇代から一〇代。少なくとも地域、職業、年齢的に偏らないように選ばれているのだ。

私は、ここに、一方の性に偏らずに選ぼうというクオータの萌芽を見たような気がした。

●女性たちの訓練

一九八三年、労働党にクオータ制が導入され、労働党内の「クオータ戦争」は終結した。シーリ・ビェルケは、まず労働党内が劇的に変わったことを、こう語った。

「一九八三年の党大会では、党の最高機関である中央委員会が四〇％、県選出で構成される全国代表者会議は四五％が女性となりました。クオータ制度は中央委員会が最終的に決定する党内のさまざまな委員会にも実行されました」

「クオータ戦争」に勝利し、女性たちは党内の要職に抜擢されたが、女性たちにはさらなる壁が立ちはだかっていた。選挙候補者名簿の四〇％にあたる女性を探し出すことは困難をきわめたのだ。尻込みする女性が多くては話にならない。「それ見たことか」と言われてしまう。

そこで労働党女性部が中心になって、女性たちの訓練の場を設けた。後述するベリット・オースの「五つの抑圧テクニック」をもとにした女性にありがちな自信のなさを解消する方法、女性候補者に必要な演説の仕方、などを伝授したのである。訓練に使われたマニュアルは後に世界各国に広まった。

日本でも、『女たちのパワーブック』（かもがわ出版、二〇〇四年）として出版されている。

こうして力をつけた女性たちは、選挙に果敢に立候補した。結果は見事だった。

一九八五年の国政選挙では、労働党国会議員の三〇人、割合にして四二・二％が女性となった。そして一九八六年には〝女性四〇％内閣〟が誕生し、日本の新聞社の特派員がこれを報じて、東京の私の家にも届いたのだった。

3　クオータを初めて実行させた女性

●五〇％クオータを定めた八〇歳の闘女

労働党が一九八三年にクオータを党の綱領に規定したことがわかった後、私は、労働党より一〇年も前（一九七三年）に、「党内の決定機関は五〇％を女性にすること」という綱領を制定した政党があったことを知る。

それは民主社会党という名の政党で、そのときの党首はベリット・オースという女性だという。この情報を教えてくれたのは、前述の国会議員クリスティン・ハルヴォシェンだった。ハルヴォシェンが属している左派社会党は民主社会党を合併吸収した政党だった。

クオータがなぜ必要かを語るベリット・オース（アスケル市の自宅 2008）

一九九五年、私は念願のベリット・オースに初めて会うことができた。彼女への取材をもとに、「女たちのクーデター」と称された女性議員大躍進選挙の秘話を『男を消せ！』にまとめた。本書では、同書に書かれていない歴史的証言を紹介する。

ノルウェーは、二〇〇八年、私企業の取締役の四〇％を女性にするべし、という「取締役クオータ制」（4章2参照）を罰則つきで施行するに至った。私は、クオータもついにここまで来たか、との思いを胸にノルウェーに飛んだ。二〇〇八年二月だった。

滞在中、なつかしいベリット・オースを訪ねた。道路がガチガチに凍っている厳寒の日、オスロからバスでアスケル市に向かった。バス停から歩いて一〇分ほどでベリット宅に到着。出迎えたベリットは、私を強く抱きしめて、耳元で「オーッ、マリコ、マリコ！ You are a crazy girl!」と言って、来訪の労をねぎらってくれた。

部屋に入ると、壁に一枚の額入り写真が飾ってあった。隙間のないほどたくさんの運動バッジをつけたTシャツ姿のベリットが笑っていた。

「これ、私のことを書いた本『憤怒する！

いつも私は』の表紙です。出版されたばかりよ」

ベリットには、「初の……」が数え切れないほどついてまわる。中には、試験の最中に授乳休憩をとった初めての大学生、というのもある。政治活動のスタートは、ナチスドイツの支配下にあった、小学五年生のときだ。ナチスの任命した副校長が、生徒に、走り回って遊ぶゲームの禁止命令を出した。翌日、彼女は、悲しい顔をして学校の塀に向かって全員が手をつないで並ぼうと提案。なんとこの非暴力抵抗に小学生六〇〇人が加わって成功させた！(4) 人心掌握の天才の登場だった。

一九七〇年代初頭、彼女は、女性の視点を取り入れた都市計画の必要性を訴えて政界に進出した。アスケル市の副市長、市議会議員、国会議員を歴任する。社会心理学者としてオスロ大学教授となり、現在は名誉教授だ。研究者の夫ダグフィンとの間に息子三人、娘一人がいる。

私は、ベリット・オースに初めて取材した一九九五年以降、ノルウェーを訪れるたびに、彼女と会うようにしてきた。

ベリットは、一九二八年四月生まれだから、二か月後に八〇歳の誕生日が迫っていた。この八〇歳を記念して、彼女の伝記本が立て続けに三冊も刊行された。

一冊目は、スウェーデンのスヴェンスカ・ダーグブラーデ紙記者アミ・ロンロート著『憤怒する！いつも私は』。二冊目は、同じくスウェーデンの作家アネッテ・ウッテルバックの『ヴァイキングの娘』。三冊目は、ノルウェー作家連盟会長の作家エッバ・ハスルンの手になる『アスケルからの炎――ベリット・オースのポートレート』。

三冊目の著者エッバ・ハスルンについて、ベリットは言う。

「私は八〇歳。エッバは九〇歳。彼女は保守党党員なんだけど真のフェミニストでね。私とは昔から大の仲良し。超党派で、女性議員を増やす、『男を消せ！』運動もいっしょにしたのよ」

九〇歳の女性が、八〇歳の女性について本を書く。しかも、老後の暮らし方でも健康の秘訣でもなくて、いまだ熱く燃え盛る闘女の生き方について！　あっぱれ！

さらにもう一冊、ベリット自身の著書『世界の女たち――解放のためのハンドブック』の改訂版も、もうじき出るという。そのほか、ノルウェーの重要な政治スピーチを集めた『ノルウェー一〇〇年史』という本にも、彼女の講義録が入るという。

テレビ、ラジオ、インターネットでも、彼女の特集が数えきれないほど組まれていた。ある大学生有志は、ドキュメンタリー映画を製作中だとか。

「このところ、私は若いころに舞い戻っているような感じです。社会全体が私に、あのころ、どこで、誰と会って、何を言ったかを思い出させようとしているの。その人たちといっしょにもう一度四〇年前、三〇年前を生き直しているのね。取材が多すぎるけど」と笑うベリットに、私も七〇年代を思い出してもらうことにした。パチパチとはぜる薪ストーブの前で、私はベリットを質問攻めにした。

「さっきも、七〇年代に闘った友人と電話で話していたばかりよ。二人で、『何なんでしょう、最近は。企業までがクオータ、クオータ。私たちがクオータを主張したころは反対ばかりしていたのにね』と……」

「クオータ制を入れないなら党首を引き受けない」

一九七二年九月、ノルウェーはEC加盟の是非をめぐる国民投票で、加盟反対派が勝利した。その中心にいた人物がベリットだった。彼女は、長年、労働党党員だったのだが、同党はEC加盟賛成だった。断固反対だった彼女は、党を除名されてしまったが、その後、ベリットを党首に担いで新党をつくろうという動きが出る。そのとき、大勢の支援者を前に彼女は、三つの条件を提示した。

①女性の利益のために行動することを認める政党であること
②政党内のすべての決定機関は、男女半々にすること
③党首はチェアマンでなくパーティ・リーダーと呼ぶこと

このベリットの提案はすべて認められて、一九七三年春、民主社会党が誕生した。ノルウェーに初めて女性の党首が、そして、初めてクオータ制を実行する政党が生まれたのだった。

ベリット・オースは、なぜ決定機関を男女半々にすることにこだわったのか。

「一一か国の女性たちを調査した結果、すべての国の最も低いところに貶められているのは間違いなく女性たちであるということがわかりました。あらゆる層で女性たちは、最低限の生活を強いられています。これは、ソーシャル・インジャスティス（不正）です。不正は正さねばなりません。正すべきは政治です。女性が政治権力に入り込んで、国の政策を変えていかなければならない、と思い至ったのです」

彼女によると、最低限の生活に陥れられている女性は八グループに分類できるという。

「第一は高齢女性、第二はシングルマザー、第三は社会福祉現場の女性、第四は失業中や退職後の女性、第五は暴力を受けた女性、第六は僻地の女性、第七は社会から逸脱した女性、第八は移民や難民の女性です」

●世界の最底辺女性八グループ

①　高齢女性

ハリのある声で、立て板に水の講義は続く。

「第一の高齢女性は、高齢者問題では片づけられない深刻な問題を抱えています。いいですか、今、ノルウェーでは六八歳から年金がもらえます。しかし、現在六八歳以上の女性の中には、勤めていなかったがゆえに年金受給資格がないという人がいるのです。国の基本的な制度から落ちているのです。子どもや親の世話のため人生の大半を無報酬の家事育児介護に費やしたり、兄弟を大学に進学させようとして家事をしながら安い仕事を続けたために結婚もできなかった女性も多い。ところがそういう女性自身が年をとったら、誰も彼女のために世話をしてくれる人はいない。このような高齢女性の年金は雀の涙。ノルウェーを含め、どの国でも最低年金者の八〇％は女性です。高齢社会になればなるほど、女性が増えます。高齢女性に焦点をあてた政策づくりをするべきなのです。アメリカの女性解放運動家ロビン・モーガンが一九七〇年代に言っています。『高齢者問題は女性問題である』とね」

東京都議会議員だったころ、東京都の高齢女性対策を質問するため、高齢女性の年収を調べたことがあるが、六割が一〇〇万円以下だった。高齢女性の年収は、高齢男性の三分の一でしかなかった。今、私は八〇代の母の国民年金が振り込まれる郵便貯金通帳を見るたびに愕然とする。月三万円。商店を営む父の妻として一生働きづくめだった母の国民年金が、わずか三万円なのだ。生活保護費よりはるかに少ない。これでどうやって暮らせというのだろう。何かの間違いではないかと社会保険庁に問い合わせたが、間違いではなかった。日本で老齢基礎年金を受給している女性の三人に一人が月額三～四万円で、母もその一人だったのだ。

② シングルマザー

「第二の、シングルマザーの問題も深刻です。子育てをしながら働き続けなければならないが、その女性を待っているのは低賃金の不安定労働です。過労と貧困に加え、自分の自由になる時間が極端に少ない。そのうえ、帰宅しても愚痴を分かち合える相棒もいないから、日々ストレスを抱えて暮らしているのです。このごろの政治家は、シングル・ペアレントの問題だと言いますが、違います。どの国でも圧倒的にひとり親は母親が多いのです。シングルマザーこそ、手厚いサービスを必要としているのです。シングルマザー問題は、デティリオレイティング（悪くなる一方だ）！」

ノルウェーのシングルマザーは、日本人から見ると、きわめて手厚い社会福祉サービスに支えられている。しかし、ベリット・オースは、パパ・クオータなど男親政策にノルウェー政治の力点が移ったことが不満のようだ。

③　社会福祉現場の女性

「第三は、お年寄りの介護・看護職場の女性たちです。福祉職場＝女性の職場といえます。介護・看護職の女性にはパートタイムが多く、安い賃金で働いています。病気や障害を抱えた人たちの世話というストレスの多い、しかも責任ある職種です。ほとんどがシフト制であるため働く人同士の対人関係にも気を使います。職業病と言われる腰痛や背中の痛みなどの筋肉痛にみまわれる労働者が多いのです。でも、簡単には労災の認定がおりません。こうした介護・看護のストレスや病気で退職した女性はおびただしい数にのぼります。その人たちは、次の第四グループに入ります」

④　失業中や退職後の女性

「彼女たちは失業手当をもらいながら、新しい職場を探すことになります。介護・看護職をやめざるをえなかった女性たちに、同じような種類の職場に戻りたい人はいないでしょう。ところが実際の求人の多くは、そのような職場ばかり。そのような職場に戻らないためには、職業訓練機関や大学に通える特別なサービスシステムが必要です。そのような優遇措置は十分整っているとはいえません。これも、デティリオレイティング（悪くなる一方だ）！」

介護・看護職に特有の病気をノルウェー語で言われたのだが、発音が聞き取れずメモもできずにモタモタしていたら、次の第五グループに進んでしまった。

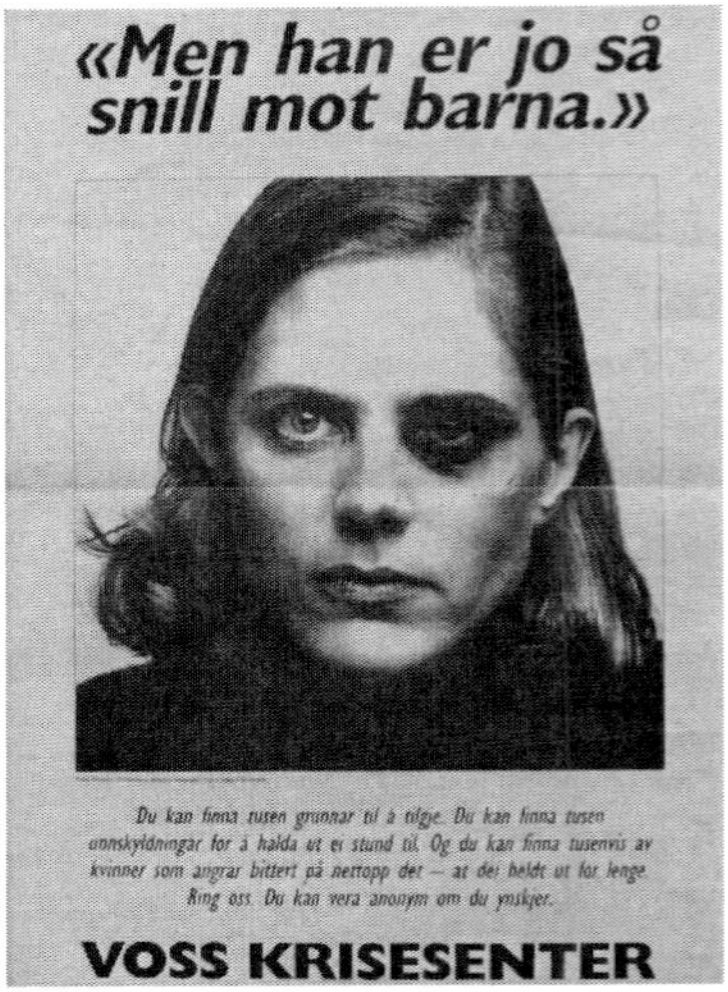

ヴォス市 DV シェルターの PR ポスター。
「でも、夫は子どもにはやさしいんです」

⑤ 暴力を受けた女性

「第五は、家庭で暴力を受けた女性たちや強姦をされた女性たちです。着の身着のまま駆け込んでくるシェルターを、ノルウェーではクライシスセンターと呼んでいます。そこに身を寄せる女性たちは、複合的なハンディを背負っている人が多い。そのうえ、それまでなじんだ家、家具、庭、近所のなじみの店、近所つきあいなど、限りあるすべてのリソースを置いて逃げてきます。その女性たちが立ち直って自立してゆけるようになるには、腰をすえたサービスシステムが不可欠です。しかも、その女性だけの問題ではない。だいたい女性には子どもがくっついています。母親が暴力の被害者、父親が加害者であることによって、家族、とくに子どもに長期的サポートが必要となる場合が多い。しかしノルウェーですら、国と県からのほんの雀の涙程度の助成金しか出ていません。クライシスセンターで働いている人たちは、ほぼ全員が女性ですが、彼女たちもノルウェーでは最低賃金しかもらっていない。これでは、被害女性たちの再起は遅くなるばかりです」

誤解のないように付け加えるが、ノルウェーのシェルターは、北欧諸国の女性たちからも「よくできている」とうらやましがられている[5]。一九七八年に第一号がオスロに創立され、ノルウェー全土に増えた。女性たち自身が必要性を感じて、女性たち自身の発案でつくったもので、その数は人口四八〇万人の国で五〇を超える。国会で補助金の拠出が決定され、今では、運営維持費が国と県から出ている。何度か視察したハーマル市のシェルター（一九八一年開設）で働いている職員一三人は全員常勤で賃金は公立病院の看護師並みだった。国が担うべき福祉サービスを県が補完する形で、国八〇％県二〇％の割合で運営維持費が拠出されていた。

⑥　僻地の女性

第六、七、八に属するという女性たちについて、一気呵成に話が進んだ。

「第六は都市から遠く離れて田舎に住む女性たちの問題です。ノルウェーは、南北に長く、三分の一は北極圏です。それに国土の多くは山岳地帯です。都市機能から隔絶されていて、何をするにも不便です。そういう土地の住人には、高等教育を受けていない女性が少なくありません。しかし、社会や時代の変化に応じて教育を受け直そうにも、近くに適当な教育機関はない。それに、郵便局や鉄道が以前より少なくなってきているため、何をするにも、以前より移動に時間がかかる。そういうところに住む女性たちが、夫が病気になったり亡くなったりした場合、どうなると思いますか？　彼女たちは、あらゆる意味でブルネラブル（社会的弱者）であるということです。女性が力をつけて一人でも生きていけるようにするためには、こうした僻地には特別な光をあてないといけません」

⑦　社会から逸脱した女性

「第七は、アルコールや、薬物、たばこ、ギャンブルなどの依存症の女性たちです。依存症は、以

お菓子を売るイスラム女性。目の部分だけ開いたベールをかぶっている（ルーテン市2009）

前は男性がほとんどでしたので、予防・対応・対策は男性中心に組み立てられています。女性の生活パターンが変化し、女性にこうした依存症が激増しています。女性がこうした依存症になると、男性よりはるかに子どもに影響が大きいのです。しかも性産業と密接に結びついている。しかるに、女性に焦点を合わせた依存症対応策はまだありません」

⑧ 移民・難民女性

「最後の第八は、移民・難民の女性たちです。『女に学問などいらない』『女の仕事は家で家事育児をするもの』というような考えが幅をきかせている国々からノルウェーにやってきます。そういう考えがしみついている人が多いのです。男性のほうが先に来て、妻を呼び寄せるという順番が多い。女性側は、男性を頼って見知らぬ外国にやってくるのです。そして妊娠・出産。こうした女性には、社会福祉サービスが必要です。ところが、このグループの女性は、自国の言語ですら文字を読めない書けない人が少なくありません。特別なサービスが必要なのです」

●ベリット・オース以前

ベリット・オースは、「デティリオレイティング（悪くなる一方だ）！」を何度も繰り返した。

「女性と男性では、使う道具が違います。時間の使い方も違います。生活が違います。つまり女性と男性とは違った文化に属するのです。日々の現実が異なれば、そこから出てくる考え方、理論は異なるのです。ですから、重要な物事を決める場には、男と女の両方がいることが必要なのです。しかし、……大勢の男性集団に女性がポツンと入ってもダメ。その女性は無視されるか、からかわれるか、情報から遠ざけられるか、非難されるか、恥をかかされるか、するのです」

だから、人口比と同じ五〇％はいなければならないと、彼女は主張し、それを新党の綱領に明記させたのである。

ベリットが民主社会党に「五〇％のクオータ」を入れたのは一九七三年だが、ノルウェーでクオータが考えられたのは、それよりずいぶん前のようだ。イーダ・ブロム著「ノルウェーにおける女性参政権の闘い」(6)に、その萌芽ともいえる記述がある。

一九〇一年、制限付きの女性参政権が地方議会選挙に認められた。そのとき、女性参政権を求めて運動をしてきた女性たちの間で、女性の投票率の低さを解消する方法が議論された。既成政党とは別に女性候補者リストをつくり、それに投票をしたほうがいい、いや政党を超えて女性だけのリストをつくったほうがいい、というような提案もなされた。そうした議論が、各政党の女性部誕生へとつながっていく。その女性部の中で、「候補者リストに女性を何人か割り当てるべきだという考えが提案されたが、真剣に取り上げられなかった」という。

このあたりの史実は、これ以上研究されていないらしいが、少なくとも二〇世紀の初頭に、ノルウェーでは選挙への女性の関心を高める方法としてクオータが真剣に考えられていたことは、確かである。

●国会の五〇％を女性にする憲法改正案

ベリット・オースが率いる民主社会党は、一九七三年の国会議員選挙を前にして、ほかのミニ左派政党やフェミニスト団体、平和運動団体と連立を組んで選挙のための統一リストをつくった。そのリストは、比例代表制選挙のもとで一一・六％を獲得して国会議員を一六人も誕生させた。その中の一人がベリットだった。

選挙の二年後にあたる一九七五年、民主社会党は現在の左派社会党に吸収された。ベリット・オースは、新生の左派社会党初代党首に就任した。

「左派社会党になったとき、クオータについて大論争をしました。結果は、民主社会党の綱領では五〇％だったものが、左派社会党では四〇％と後退してしまった」

さぞかし無念だっただろう。しかし、すでに国会議員になっていたベリットは、おもしろい調査に取り組んだ。一九四五年から一九七〇年代までの国会でなされた女性の問題に関する質問を、国会図書館の司書に洗い出してもらったのである。

質問者はほぼ全員が女性議員だった。彼女は「女性の問題を解決するには、女性議員を増やさなくてはならない」と、再認識した。そこで、議会の半数を女性が占めるようにするために、憲法を修正する大提案をした。

「憲法五七条に、国会議員数は一五五席（当時）と規定されています。それを変えて、この部分にクオータ制を入れられないかと考え、三つの修正案をつくったのです。第一案は、一五五議席の半数を女性としなければならない。第二案は、一五五議席のうち六二議席（つまり四〇％）を女性としなければならない。第三案は、一五五議席のうち六二議席を男性としなければならない」

提案日は、一九八〇年二月一二日だった。

ベリットは一九七三年から一九七七年まで、一期四年間は国会議員だったが、次の選挙では落選してしまう。だから一九八〇年は国会議員ではなかったはずだ。にもかかわらず、彼女が国会議員として提案することができたのは、国会の代理議員だったからだ。

さて、ベリットは四〇ページ以上にのぼる提案趣旨を書いて、その草稿を前もって各政党幹事や記者に配布した。誰も関心を持ってくれなかった。「彼女の、馬鹿馬鹿しい提案など読む人間なんかいるものか」「左派社会党以外、議席に座る者などいないよ」「記者席で取材する記者などいないはずだ」。こんな声が彼女の耳に入ってきた。そこで、一計を案じる。

●傍聴席は満員、議員席はガラガラ

デンマークのラジオ報道記者、スウェーデンの映画製作者に電話を入れて、国会の記者席に座ってほしいと頼んだ。また、政党の女性部を含むあらゆる女性団体に呼びかけて、国会外で「国会議員の男女半々に賛成」と気勢を上げてもらうことにした。

まずデンマークとスウェーデンの報道関係者には、こう電話を入れた。

「世界で初めて、国会の場を男女半数ずつにする憲法修正案がノルウェー国会で審議されます。ぜ

「さあ、女たちが行く」。男女半々国会の運動ビラ。裏に憲法改正案が印刷されている。1979 年作成（ベリット・オース提供）

ひ報道してほしい。そして、ノルウェー国会記者団に電話を入れて、二月一二日の憲法改正審議を取材に行くと伝えてください」

次に、女性解放運動のネットワークをフル回転して、二月一二日の国会審議に向けて、その大事さを強調したチラシを配布した。当日は、できるだけ多くの女性たちが傍聴席に座るよう動員をかけた。

一九八〇年二月一二日当日、国会の記者席では、デンマークとスウェーデンの報道関係者がカメラをかまえていた。傍聴席は大勢の女性たちで立錐の余地もなかった。自由党初の女性党首エヴァ・コルスタもいた。そしてもちろん、記者席にはノルウェーの報道関係者もいた。

「本当は聞きたくなんかなかったでしょう。でも外国から記者が押しかけているのに、自国の記者がいないとバツが悪いと思ったのでしょう。議員席を見ると、二議席以外は空席でした。自由党の党首だったエヴァ・コルスタは私の提案に賛成でした。彼女は応援のため傍聴席に座っていた。なのに彼女の後輩にあたる自由党の国会議員は、誰一人として議場に顔を見せなかった」

満席の傍聴席と、ガラガラの国会議員席。世界で初めて男女同数議会を求めた憲法修正案は、ベリット・オース議員の趣旨説明がなされただけで、あっけなく葬り去られた。

しかし、この憲法改正運動は、国会の外では大きな威力を発揮した。町中に貼りめぐらされたポスター、チラシ……。党派を超えた女性グループや女性たちが、この修正案に賛同し、動いた。

憲法改正運動には「ノルウェー女性の権利協会」（一八八四年創設）も入っていた。この団体は、最古の女性運動組織であるだけでなく、右から左までの多様な女性たちが入っている超党派の全国組織だった。ここが賛成を表明したことで、弱小急進派政党の提案は、国会の外では大きな話題となった。

わらの女

二一世紀の今でさえ過激すぎるように思える憲法改正案に、今から三〇年前のノルウェーの女性団体が一斉に賛成した。左派社会党というミニ政党の急進的提案が、イデオロギーを超えて賛同を得た。なぜか。

作家エッバ・ハスルンのスピーチ(7)に、その回答が見つかった。

一九七七年に「国政選挙、女性の政治アクション」と名づけた女性議員を増やすための特別な運動があった。提唱者はエヴァ・コルスタ（自由党）、マリエ・ボルゲ・レフスム（保守党）、ベリット・オース（左派社会党）の三人で、これを女性たちは政治トロイカと呼んでいた。

「国政選挙、女性の政治アクション」の最終目的は、一九七七年の国政選挙前に全政党の党首に「国会、県議会、市議会の議員の五〇％を女性の代表に」など三つの女性政策を実行させることだった。この計画が決まったのは一九七六年九月九日で、メキシコで開かれた国連の第一回世界女性会議の翌年だった。まだ国連女性会議の余韻があった。ベリット・オースたちは、全国の女性たちが目標に向かって進むための三段階の運動を考え出した。

第一段階は、全国各地で、女性の抱えるテーマごとに二〇人程度で構成される小グループをつくる。そのグループは、男性を恐れさせないために「わらの女」と名づけられた。全国の「わらの女」たちの声を集約するため、一九七六年一〇月一五、一六日にオスロで大集会が企画された。第二段階は、市や県に中グループをつくる。第三段階は、政党責任者を呼んだ集会を開き、記者会見をする。ポスターやビラを街中に貼りまくった。そこにはこんなスローガンを掲げた。

女は天の半分以上を支えている
それに見合った数の女の議員を
男も女も地域と家庭で同じ責務を
女を背後に置くのをやめ、すべての場に女を
そして透明性を
男性（Man）社会から、人間（Human）社会へ

●「男を消せ！」運動から発展

二〇〇八年二月のベリット邸の薪ストーブ前に話を戻そう。

提唱者ベリットは、このエッバ・ハスルンが語った「国政選挙、女の政治アクション」についても、

補足してくれた。

「国連の女性年があったところで、女性たちの抱える問題は解決しません。なのに世論は『女性年は終わった。さあ普通の生活に戻ろう』と言っているかのようでした。女たちのフラストレーションはたまりにたまっていました。一九七一年の『女の選挙キャンペーン』を覚えていますよね」

一九七一年の「女の選挙キャンペーン」は、「男を消せ！」運動とも言われる。全政党の候補者リストにある男性名を消して女性議員を当選させようとした運動である。全国各地で、選挙前に女性たちが夜な夜な集まって作戦を練り、多くの市で女性議員を増やした。ベリットの住むアスケル市、それにオスロ市、トロンハイム市では、女性議員が男性議員を上回った。当時のマスコミは、おののきを込めて〝女のクーデター〟と報道した。

初めてベリットを取材したとき、私はこの話を聞いて「これは七〇年代の出来事とはいえ、日本にとっては大ニュースだ」と確信した。そこで『男を消せ！』を書き、「女の選挙キャンペーン」について詳述した。

ベリットとの対話は続く。

「そのキャンペーンで、ここアスケル市の議会は過半数が女性になりました。当時の選挙法は、政党の候補者リストにある候補者名を何人変えてもよかったので、男性候補の名をことごとく消して女性に変えるという戦術が実行できたのです。しかしね、一九七一年の後、選挙法が改悪されて、それまでの地方選挙のときのように好きなだけ男性候補者名を消して、そこに女性の名を書くことなどできなくなってしまった。まったく反女性的変更でした。女性たちは怒りました。国際女性年というイベントなんかでお茶を濁されてはたまらない。女性を政界に増やすため、何か大きな運動をしなくては！　と闘いの炎は再びめらめらっとなりました。それが『国政選挙、女性の政治アクション』だったのです」

時系列にすると、一九七一年の「女の選挙キャンペーン（『男を消せ！』運動）」があって、一九七七年の「国政選挙、女性の政治アクション」に発展し、一九八〇年の「憲法改正運動」になった。しかし残念ながら開花とまでは行かなかった。

ここからは私の推測だが、一九八一年、労働党では女性部が中心になってクオータ制の土台ともいうべき「党内のすべての組織に両性の代表がいなければならない」という方針を党に認めさせた（二七ページ）。この背景には、前年一九八〇年の憲法改正運動があったことは容易に想像できる。

あれから三〇年以上が経った今、国や政党の男女平等は当たり前になった。私企業の決定機関つまり取締役会での女性を四〇％にせよ、という法律までできる時代となった。そして、何よりすばらしいことに、世界で最も住みやすい国となった（国連調査[8]）。

4　クオータを必要とした政治的土壌

一九七四年に導入した自由党

ノルウェーの政党におけるクオータ制の歴史を文献[9]でたどると、一九七四年、自由党が最も早く導入したとされている。その次が左派社会党で、一九七五年だ。

だが左派社会党の初代党首ベリット・オースによると、左派社会党の前身である民主社会党がクオータ制を導入したのは一九七三年。つまりノルウェーで最初に導入したのは自由党ではなくて民主社会党なのだそうだ。

ところが、民主社会党結成後すぐに国政選挙があって、同党は、いくつかの政治団体でつくった共通リストの中の一勢力になった。だから「民主社会党は政党とはいえない。あれは選挙のための政治団体にすぎないのだ」という意見もある。それに選挙後、民主社会党は左派社会党に吸収されてしまった。これが文献に現れてこない理由らしい。

現存する政党で考えると、自由党が最初だったのは間違いない。左派社会党を除いたすべての政党が一九八〇年代の導入だから、自由党は際立って早い時期にクオータ制を導入したことになる。私は自由党に興味を持った。

ノルウェー初の育休男性議員

自由党のオッド・アイナル・ドールムは、一九七七年に育児休業をとった。おそらくノルウェーで育児休業を使った初の男性国会議員だ。もしかすると世界で初めての男性議員かもしれない。

70年代に育休をとったオッド・アイナル・ドールム（自由党事務所 1994）

私が彼に会ったのは、父親が育児のために仕事を休める権利つまり「パパ・クオータ」を日本に紹介しようと取材を続けていた一九九四年だ(10)。

そのときの取材メモから、彼の言葉を拾ってみる。

「一九七七年、妻の出産に立ち会い、二週間の育児休業を申請しました。妻は大学事務官でした。当時、労働環境法が改正され、母親が職場に戻らなければならない場合、父親が有給で育児休業がとれるようになっていました。男女平等について熱心に討論している時代でしたから、僕はとるべきだと考えました。一週間とった後、『自由党の票数が足りないから出てきてくれ』と国会の委員会から緊急の呼び出しがあって二週間丸々はとれませんでした。僕が育児休業をとったことへの周りの反応？　好意的でしたね。僕も違和感などなく、自然な感じでした。国内ではとくに報道されませんでした。でも一九七八年、アフリカの新聞記者から取材されて、『変わった議員』というような記事が載りました」

私は、ドールム議員の話を聞きながら、彼なら自由党がクオータを導入したときのことを知っているかもしれないと思って聞いてみた。すると彼は「自由党にクオータを入れようとしたのは僕です」

と言うではないか。目の前にいる男性が自由党のクオータ導入の仕掛け人だったのだ。

「僕はトロンハイムで育って、六〇年代から自由党青年部の指導的地位にいました。一九七一年までトロンハイム市議でした。一九七三年の国会議員選挙の後、トロンハイム市議会の女性議員たちと、自由党の憲法にクオータを書き入れる提案をした。その背景ですが、あなたにはわかってもらえないかもしれませんが、一九七一年に地方選挙があり、トロンハイム市議会の過半数が女性議員になるという驚くべき事件があったのです」

トロンハイム市議をしていた彼の目の前で、女性が過半数を占めるという前代未聞のことが起きたのだ。自由党からも女性市議が数多く誕生した。後に私は、この「驚くべき事件」の背景に女性たちの「男を消せ！」キャンペーンがあったことを知ることになるが、このときはただポカンとして聞いていた。

「しかし自由党は、一九七三年の国政選挙で大敗しました。改革を迫られた党は、新機軸を切り開くことに腐心した。僕は、トロンハイム市議会の女性躍進を例に引き、『往年の自由党には、強い女性指導者がたくさんいた、今の党は、女性の強さを忘れているのではないか』と主張しました。環境問題を党の政策の柱に入れることに成功した僕たちは、その勢いに乗って、クオータも入れ込もうとしたのです」

オッド・アイナル・ドールムは、別れ際、「自由党の女性政策についてなら、僕よりもエヴァ・コルスタですよ。ずっと女性問題一筋で闘ってきた人です。絶対会うべきです」と言った。彼は、彼女の電話番号を探し出し、番号を書いたメモを私に手渡した。

エヴァ・コルスタ（オスロ市コンチネンタルホテル 1995）

●自由党初の女性党首

一九九五年七月、私はオスロ市内のコンチネンタル・ホテルで、自由党初の女性党首エヴァ・コルスタ（一九一八―一九九九）に会った。

コルスタは、初代男女平等オンブッド（オンブズマンのこと。現在は「平等・反差別オンブッド」）でもあった。『男を消せ！』で書いたように、一九七八年、ノルウェーは社会のあらゆる分野における女性の地位を高めるため、男女平等法を制定した。この法の監視役として特別の国家機関オンブッドを置いた。男女平等という目的のためのオンブズマンは世界でも初めてだったので、コルスタは世界初の男女平等オンブッドだ。

コルスタは一九九九年に八〇歳で逝去した。幸運にも、私は二度も直接会って、自由党がクオータ導入に至った歴史的経緯と、初期のオンブッドの仕事を聞くことができた。

彼女の属する自由党はノルウェー語ではヴェンストレという。「左」という意味だ。ノルウェーの政党の中ではホイレ「右」を表す保守党とともに、一八八四年に創設された最も古い政党である。創成期、保守党は右翼党、自由党は左翼党と呼ばれ、左翼党は農民や労働者など革新勢力を代表していた[11]。一八八四年、北欧で最初の議員内閣制は、スヴェルドルップを首班とする左翼党単独内閣によって誕生した（以下、左翼党と呼ばれていたか否かにかかわらず自由党と記載）。

自由党は、一九七二年のEC加盟をめぐる国民投票に際し、党内で熾烈《しれつ》な意見の対立にみまわれる。その内紛が影響して、一九七三年の国政選挙で大敗する。その後、コルスタは党首になった。長い自由党の歴史で、初の女性党首だった。

「私は、長年、活発に女性解放運動をしてきましたから、男性幹部たちは、私を党首にすると広範な女性の支持が得られると期待したのでしょう。長い間、国連の女性地位委員会の委員でもありました。それに選挙直前まで、行政・消費者問題大臣でした。このような政治的経験も買われたのだと思います」

「私は、自由党の党首に就任後、ただちにクオータ制の導入を提起しました。女性の政治参加を確かなものにしたかったのです。私の提案に党内で表立って反対する人はいませんでした。とくに若い男性党員たちが熱心に支持してくれました」

コルスタの言う「若い男性党員」とは、きっと、あのオッド・アイナル・ドールムたちだろう。こうして、自由党の綱領にクオータ制が入った。ベリット・オースがノルウェー初の女性の党首に担がれた背景と似ている。

しかし、自由党はノルウェー最古の政党の一つだ。クオータ制は男性が女性に席を譲ることになる制度であり、自由党のような伝統のある政党の中に反対する男性党員がいなかったとは、想像できなかった。私の疑問にコルスタはこう答えた。

「自由党は、歴史的経緯から一貫して男女平等に非常に熱心な政党です。今でこそミニ政党ですが、かつてはノルウェーの女性政策すべてに強い影響力を持っていました」

コルスタは、ノルウェー最古最大の女性団体「ノルウェー女性の権利協会」を通じて長年女性解放運動をしてきたこと、その会員の多くは自由党支持者だったこと、その会の仲間とともに、夫婦でも別々に納税できるように法制度を変えたり、ＩＬＯ一〇〇号条約批准をさせたりしたことなどを、私に話してくれた。英語のモデル・リーディングを聞いているような、美しくわかりやすい発音だった。

●国連女性の地位委員会

エヴァ・コルスタの男女平等にかける情熱は国内にとどまらない。国連の女性政策が花開こうとしていた一九六九年から、国連女性の地位委員会の副委員長に就任した。

「私は、世界の女性のために、国連主催で、会議を開くよう熱心に働きかけました。そうしたらあなたは子どもの人権のパイオニアの国から来たのだから子どもの人権条約の条文を書いてくれ、と言われてそれも執筆しました」

当時の国連は、女性の人権に敏感になっていた。一九七五年の初の国連世界女性会議、一九七六年から一九八六年までの「国連女性の一〇年」、一九七九年「女性差別撤廃条約」の実現……女性の権利のキャンペーンが花開いた時代だった。彼女は、その開花に向けて、国連組織を内部から動かした人物だったのだ。

もし国連世界女性会議がなかったら、もし国連女性の一〇年がなかったら、もし女性差別撤廃条約がなかったら、日本の女性政策は今よりどれだけ遅れていたことだろう。そう考えると、エヴァ・コルスタに深く感謝せずにはいられない。

私は、一九七〇年代にクオータ制を導入した自由党の土壌の源を探りたいと思った。が、エヴァ・コルスタはもういない。そこで、コルスタが代表だったというノルウェー女性の権利協会について、文献で調べた。

ノルウェー女性の権利協会は、自由党創設と同じ一八八四年創立だった。長い歴史を持つこの会は、現在も活発に運動を続けている。しかも創設以来、自由党と密接な関係を持っている。

ノルウェー女性の権利協会は、女性への差別をなくし、女性の利益のために活動するという女性運動組織として誕生した。今でこそその種の団体がたくさんあるが、一九世紀には、女性たちの運動というと、禁酒、貧民救済、子どもの保健医療向上などのテーマが主で、女性が女性自身の権利を拡大するという目的を掲げる団体はなかった。

創設者は、不思議なことに自由党の男性政治家だった。会員にも男性がいた。『ノルウェーの女性』(Betty Selid, 1970) という本で、立派な髭をつけた創設者ハグバール・ベルネールという男性の写真を見たとき、私は「さすがノルウェー！　一九世紀にはすでに女性の権利に熱心だった男性がいたんだ」と感心した。ところが最近になって、真の創設者は別にいることがわかった。

輝く星　ギーナ・クローグ

二〇〇九年秋、ノルウェー女性の権利協会は創立一二五周年を迎えた。協会は、記念の催しに向けて、創立以来関わってきた人たちによる寄稿文をまとめて、インターネットで公開した。一般紙も、当時運動家だった歴史の証人たちをニュースで取り上げた。

そのいくつかの記事に、ノルウェー女性の権利協会の真の創設者は、ギーナ・クローグ（一八四七―一九一六）だと書かれていた。彼女の肖像画が掲載されたサイトもあった。どこかで見たような絵画だった。

思い出した。一九九一年、女性議員を増やすための運動「女の選挙キャンペーン」の事務所で私を迎えてくれた肖像画だった。そのとき、説明してくれた職員のアン・B・ハウグが、肖像画に気をとられている私にこう説明した。

「この絵の女性はギーナ・クローグです。一九世紀の人です。私財を投げうって女性団体を運営し、女性の権利を確立するために生涯を捧げました。ここで働く私たちにとって、ギーナは輝く星。毎朝、彼女を見ると元気が出るのです[12]」

ギーナ・クローグは、ほかの女性同志たちと、「スクル」という名のクラブで、女性の権利を広げるための新しい組織をつくる話し合いを続けていた。スクルは北欧神話の女神を指す。女性が寄り集まって政治的議論をし合う場として一八八三年一一月に創設された。一八八四年三月、ギーナは自由党の国会議員ハグバール・ベルネールに、秋ごろに女性の権利拡大のための新組織を創設したい、と相談した。彼は賛同した。ところがその直後、ハグバール・ベルネールは、会の規約と活動方針を自分で決め、六〇人前後の会員で会を創設してさっさと自分が代表になってしまった。

ハグバール・ベルネールは、ギーナ・クローグらに会の主導権を握られると、当時としては過激だとされていた女性参政権獲得運動に会が走ってしまうと考えた。そこで自分が代表となって穏健な会にしようとした[13]。以来、彼の名が創設代表として文献に記録された。

ノルウェー女性の権利協会誕生から一二五年後の二〇〇九年、会の代表トーリル・スカールは、フェミニスト歴史家アスラウグ・モクスネスによる数々の新事実を引用した後、こう結んでいる。

「会の創設には進歩的男性が必要でした。しかし女性たちの熱意も同じように必要だったのです」

女性の選挙権獲得協会

ノルウェー女性の権利協会の真の創設者ギーナ・クローグの最大の目標は、男性と同様の選挙権を女性が行使できるようにすることだった。ギーナは、ノルウェー女性の権利協会を通じて、女性参政権獲得運動を組織化しようと目論んだ。

しかし、「女性は政治に関心はないものだ」という声が強くて、協会内で参政権獲得を活動目標に掲げることはできなかった。[14]「女性参政権は早すぎる」という考えが協会の主流だった。熱心に女性参政権を求める女性たちと、政治とは距離を置いて教育や既婚女性の権利拡充に集中すべきだとする女性たちの間に大きな亀裂が生まれ、あわや分裂、という事態に突入した。

ノルウェー女性の権利協会は、政治参加の運動を組織内ですることを禁止した。ギーナ・クローグはその決定に我慢できなかった。女性選挙権獲得に意欲を燃やす同志たちを集め、一八八五年、ノルウェー女性の権利協会とは別組織の、「女性の選挙権獲得協会」と呼ばれる男子禁制グループを新設した。[15]会員はわずか一二人だった。

ノルウェー女性の権利協会が創設されて一年も経たずに、女性の政治的権利を求めるという単一目的の運動体が誕生し、ノルウェー女性の権利協会の分裂の危機は回避された。

ギーナ・クローグは、女性の選挙権獲得協会設立後、ただちに、女性同志と四人で、ノルウェー全土を四つに分けて、行脚に出る。一八八七年からは、女性解放運動誌『新しい地平』の編集長を務め、女性たちの意見交流の場を構築する。疲れを知らぬギーナ！

創設から五年経った一八九〇年、女性の選挙権獲得協会の会員は二〇〇人に増えていた。ギーナ・クローグと行動をともにした女性参政権獲得運動の同志の中でも、フレドリッケ・マリエ・クヴァムと、ラグナ・ニールセンの二人は歴史的に重要な女性だ。

フレドリッケ・マリエ・クヴァム[16]（一八四三―一九三八）は、男女平等に命を賭けていた。彼女の夫は、弁護士で国会議員のオーレ・アントン・クヴァム。自由党の党首をしたこともあった。

自由党は、当時、保守党に対抗する改革派として、ノルウェーのスウェーデンからの独立と自治の確立という公約を掲げて活発な運動をしていた。自由党員には、女性の参政権が独立には必須だと唱える人がいたが、その人たちは党内の主流派にはなれず、「最過激派」と言われた。[17]その一人がフレドリッケの夫オーレだった。

当時ノルウェーは、クリスチャニア（現オスロ）のほかにスウェーデンのストックホルムに首相を置いていた。オーレ・アントン・クヴァムは在ストックホルムのノルウェー首相としてスウェーデンからの分離独立を交渉する重要な役職についていたのだ。

夫との日常会話から、女性問題を政治化させるすべを把握していたフレドリッケは、自由党の国会議員を通じて女性参政権を認める決議をさせようと、国会に何度も働きかけた。

ラグナ・ニールセン[18]（一八四五―一九二四）は、ノルウェー女性の権利協会の設立に尽力した同協会の初代事務局長で、後に代表を二期務めた。またギーナ・クローグが命がけで創設した女性の選挙権獲得協会のほうでも一〇年間理事を務めた。

当初、彼女の名前は、私の記憶のひだに残っていなかった。しかし後日、ヴィッゴ・ウルマンの姉であることを知って、彼女に関心を持つようになった。

ラグナ・ニールセンは、履歴によると一五歳で教師となって家計を支えている。彼女が九歳のころ両親は離婚をし、貧しい母親を助ける必要があったのだと書かれている。彼女自身の結婚も五年で破たんした。時代は一九世紀だ。どれだけ女性であることの苦労を味わったことか。

彼女は、文章家としても力を発揮し、ギーナ・クローグが編集長を務めていた女性解放運動誌『新しい地平』に、女性を鼓舞する原稿を数多く寄稿している。

女性参政権を獲得するには、女性が誰もいない国会に憲法修正案を提出し、賛成多数を得なければならなかった。男性議員に頼るしかすべはなかった。それまで頼ってきた国会議員ハグバール・ベルネールはあてにならないとわかった。女性参政権運動家たちは、彼に代わる国会議員を探すことになった。

ギーナ・クローグが頼った国会議員は、ラグナ・ニールセンの弟ヴィッゴ・ウルマンだった。彼はカリスマ的な演説家で、急進派の国会議員として知られていた(19)。

当時、女性参政権に関心を寄せている国会議員は自由党に集まっていて、女性たちも自由党に期待していた。しかし、自由党内の多数は、ハグバール・ベルネールに代表されるように、女性に参政権を与えることに積極的とはいえなかった。こうした自由党を、ラグナ・ニールセンは強く批判した。弟のヴィッゴ・ウルマンは、この姉をそばに見ながら育った。

「女性参政権は家庭を崩壊させる」

一八八六年、オーレ・アントン・クヴァムとヴィッゴ・ウルマンなど自由党の急進派男性国会議員は、女性参政権を要求する女性たちの声を受けて、男性と同様の参政権を認めるように憲法修正の提案をした。[20] これが、ノルウェーの国会における初の女性参政権法案だった。

しかし、まだ国会内の多数意見は「女性に投票させるなんて笑止千万」だった。委員会での質疑にも至らなかった。女性参政権案が、国会の憲法委員会にかけられて本格的に議論されたのは、四年後の一八九〇年だった。そのときの発言を引用する。今では世界一、二の男女平等の国ノルウェーも、一九世紀は、こんなありさまだった。

「公的な場で行動する女性は売春婦と同じだ」

「女性には男性にはない別の使命がある」

「両性はそれぞれ自然な役割を持っており、男女平等になると不幸になる」

「女性が投票をするようになると、家庭崩壊を招く。自然の摂理に反する」

「女性が政治的に男性と同等になると、家庭は政治の場と化し、子どもは乳母車にほったらかしにされ、おかゆは煮えたぎってしまう」[21]

これらの馬鹿馬鹿しい意見に、最も強く反論した人物がヴィッゴ・ウルマンだった。彼の鮮やかな発言を一つあげよう。

「……結局、政治権力の問題なのです。女性に参政権を与えたくないと主張している人は、どんな人で、なぜ与えたくないのか。政治権力を握っている人たちこそが、その権力を手放すことを恐れているからなのです」

しかし女性参政権の法案は四四対七〇で葬られた。女性の選挙権獲得協会内にも次第に意見の対立が出てくる。それが、一八九八年の新しい組織、「全国女性参政権獲得協会」の誕生につながる。

ところで、一八九〇年のノルウェー国会での女性参政権に反対する発言を読んで、何かを思い出さないだろうか。

「……は、家庭崩壊を招く」「男女平等は女性を不幸にする」などは、日本で、夫婦別姓、婚外子の相続分差別撤廃などに反対する議員がいつも言う理屈そっくりなのである。日本の発言は、ノルウェーから一〇〇年後なのが笑える。

●スウェーデンからの独立運動

新しい女性団体「全国女性参政権獲得協会」の代表に就任したのは、前述のフレドリッケ・マリエ・クヴァムだ。その類まれな組織力で、何千人という会員を擁するまでに発展させる。

組織拡大の秘密は、フレドリッケが創設した民間団体「ノルウェー女性の公衆衛生協会」[22]にあった。ノルウェーとスウェーデンが戦争になった際、衛生保健用品や訓練された看護婦を戦場にいる兵士たちに提供することが目的のボランティア団体で、フレドリッケは、創設者で代表だった[23]。このボランティア団体の活動を通じて、フレドリッケは一日も二日もおかれていた。参政権獲得運動は、一般にはまだ過激すぎる運動だったが、赤十字的な奉仕団体の代表である彼女の主張に対しては、保守・穏健派の女性たちも表だって反対に回らなかった。

一九〇五年、ノルウェーはスウェーデンからの独立の是非を問う国民投票を実施した。フレドリッケ・マリエ・クヴァムは、この機に乗じて、女性に選挙権がない問題を解決できないかと考えた。

女性参政権を得て初めて投票する女性（ビデオ「Women in Power」ノルウェー外務省 1993 より）

まずは、国民投票の〝国民〟に女性を含めてほしいと国会に請願したが「国民とは男性のこと」とはねつけられてしまう。[24] 彼女は、あきらめない。国中の女性組織をフル回転させて、スウェーデンからの独立を求める署名運動に運動の重点を移す。イデオロギーの違いから小グループに分かれていた女性組織は、ここで対立を超えて独立運動に結束していく。国会に提出した署名数三〇万！　参政権すらなかったノルウェー女性の運動が、国民の悲願であった独立運動という政治テーマに結びついた。

当時の国民投票の有権者[25]は、言うまでもなく男性のみで、四三万五〇〇〇人だった。投票率八五・四％、賛成率九九・九％なので、賛成票は三七万だった。女性たちが公の力を借りずに自主的に集めた賛成署名は三〇万人分で、男性とわずか七万の差だ。この数字は、すごい。電話もろくにない時代だ。一軒一軒回って丁寧に意義を話しながら署名をとっていったのだろう。あるときは、集会を催して、大勢の前で熱烈な演説をし、まとめて署名をしてもらったこともあっただろう。どちらにせよ三〇万という署名は、組織力がなければ絶対になしえない偉大な数字だ。

独立運動への女性たちの貢献によって、女性参政権獲得運動は、民主国家成立に役立つ運動と見られるようになった。フレドリッケの夫オーレは自由党国会議員として、「国家の利益の擁護のためには女性市民も必要である」との論陣を張った。

フレドリッケは、女性解放を説いた手紙を夫に何通か出している。その一つを紹介しよう。

「女性って何でしょう。私は女性であるがゆえにあなたとは異なる種類の人間なのです。でも、私は女性であるがゆえの隷従を受け入れることはできません。私は自分が味わってきた苦難を、娘たちや才能ある女性たちに味わわせたくありません。ですから私はフェミニストになります(26)」

●自由党なくして女性参政権は成立しなかった

一九〇七年、とうとうノルウェー国会は、制限つきだが女性に参政権を認めた。さらに六年後の一九一三年、自由党内閣と国会は、すべての制限を取り払って、すべての女性に参政権を与えた。こうしてノルウェーは、独立国としては世界で最も早く女性に参政権を認めた国となった。

女性参政権の憲法修正案を提案したのも、成立させるための議論をリードしたのも、自由党の国会議員だった。参政権という女性最重要の権利は、自由党なくしては誕生しなかった。

エヴァ・コルスタは私に「自由党は、歴史的経緯から一貫して男女平等に非常に熱心な政党なのです」と言った。なるほど、自由党にはクオータ制を導入する土壌があったのである。

さらに言えば、「女性に参政権を与えると家庭崩壊を招く」という意見の多かった時代に、女性参政権獲得の論陣を張った二人の稀有な男性の身近には、フェミニストの女性がいた。ヴィッゴ・ウルマンには、ラグナ・ニールセンという姉。オーレ・アントン・クヴァムには、フレドリッケ・マリエ・クヴァムという妻。この点はとくに強調したい。ついでに言えば、ヴィッゴ・ウルマンは、女優・映画監督として世界的に著名なリブ・ウルマンの曾祖父である。リブ・ウルマンの十八番は、イプセン作『人形の家』の主人公ノラだ。

労働党が作ったクオータのPRバッジ「私はクオータされました。クオータが好きです」(1990年にノルウェーで入手)

第 2 章

虐げられた時代

70 年代末の女性解放運動ポスター。「女の職場のひどさをゆるすな！　妊娠中絶の自己決定権を！　もっと保育園を！」。3 月 8 日国際女性デーへのデモを呼びかける。

1 国立女性博物館を訪問

●床にはいつくばる女性

ノルウェーの女性解放運動の母といえば、カミラ・コレット（一八一三－一八九五）である。彼女の名前を掲げた特別展「カミラ・コレットの笑い」が開かれていると知って、ノルウェー国立女性博物館まで見に行った。二〇〇一年夏だった。

等身大の女性の人形が、薄暗い床にはいつくばって、鍋から吹きこぼれた煮汁を拭いていた。一九世紀ノルウェーの家庭でよく見られた光景を再現したオブジェだった。女性の背中の上部には、天井から黒い鉄の重りがぶら下がっている。

重りには白字で「女というものは何もいいことを成さない」と書かれている。一九世紀のノルウェーを席捲《せっけん》していた神学者マルティン・ルターの言葉だ。[1] ご存知ルターは、プロテスタントの源流をつくったドイツ人で、「勤勉」の権化として北欧に強い影響を残した。「女性は常に家長に従うべき」「出産は女性にとって神から与えられた最も重要な名誉ある任務」といったルターの教義は、ノルウェー家庭に深く浸透した。

女性が床拭きを休んで立ち上がろうものなら、その鉄の重りが頭にガーンとぶつかってしまう、ということなのだろう。

当時の女性への抑圧を象徴したこの展示物は「女たちよ、目覚めよ！」。これが国立女性博物館特別展「カミラ・コレットの笑い」の起点だった。

カミラ・コレットは、床拭きをする女性と同じ一九世紀に生まれ育った女性の作家である[2]。男性のいいなりになるような女性に育てられて、意にそわない結婚をさせられていく娘たちの不幸を描いた有名な小説『知事の娘』のほかに、女性の権利についてのエッセイを数々発表したことから、元祖フェミニストと言われてきた。

「女たちよ、目覚めよ！」（国立女性博物館 2001）

裕福な家庭に生まれたカミラは、床拭きこそしなかったものの、女性であるがゆえに、黒い鉄の重りから逃れることはできなかった。二八歳で結婚したが、一〇年後に夫が死に、子ども四人を抱えてシングルマザーとなる。家を売り、三人を里子に出し、それでも家計は困窮。生きていくために出版したのが『知事の娘』だった。当初、著者不詳で発表された。彼女が鉄の重りから解放されて、実名を公表したのは、それから約二〇年も経ってのことだった。

特別展は、女性が無権利状態に置かれていた一九世紀初めから、男女平等に近づいた今日までの一五〇年間の歩みを、女性の視点で再現した壮大な芸術作品群だった。

●ダグニ・ユールの屋敷

二〇〇一年夏、大阪府豊中市の女性センター館長だった私は、「男女共同参画スタディツアー」[3]を企画し、参加者を公募した。全国から議員や公務員など二〇人が集まって、ノルウェーを訪問した。視察先の一つに選んだ国立女性博物館は、オスロ北東約一〇〇キロのヘードマルク県コングスヴィンゲル市にあった。ツアー全行程の中で、参加者に最も強い印象を与えた場所だった。同館のカーリ・ヤコブソン館長は言った。

「若い人が当たり前と思っている権利は、女たちが苦難の末に闘いとってきたものです。無名の女たちの長い間の苦労のうえに、今の私たちがあるのです。それを、若い人たちにわかりやすく知らせる必要があります。そのためにこの国立女性博物館があるのです」

ノルウェーには国立博物館が一五ある。この九〇〇平方メートルほどの小博物館は、一九九八年に晴れてその一つに加わった。教育省(日本の文部科学省)管轄の「国立女性博物館」として認定された。

この女性のための博物館構想は、ひょんなことから浮上した。

コングスヴィンゲル市出身の著名な女性芸術家ダグニ・ユール(一八六七—一九〇一)が住んでいた屋敷が取り壊されることを、カーリ・ヤコブソンら地元の女性たちが耳にしたのがことの始まりだった。ダグニ・ユールは、オスロとベルリンで学んだピアニストで、詩人・脚本家でもあった。男性を誘ってはカフェに行き、たばこを吸ったりお酒を飲んだりと、当時のあるべき女性像から大きくはずれた女性だった。自由奔放な生き方ゆえに、すばらしい業績よりも私生活だけが脚光を浴びてしまったダグニ・ユールの生涯を、ヤコブソンや友人たちはフェミニストの視点から洗い直していた。そのとき屋敷が取り壊されることを知った。

ヤコブソンたちにとって、ダグニ・ユールの屋敷が壊されるなんて我慢がならなかった。それに加えて、既存の博物館の片隅で女性史に関する展示会を開いてきた彼女たちは、独自の展示場や作品保管室がほしかった。ヤコブソンたちは宣言した。

「この由緒ある屋敷を、私たちの力で買い取って、改修し、ここを女たちの活躍でいっぱいにしよう！」

●資金集め

カーリ・ヤコブソン館長は、女性たちの情熱が形になるまでの経緯を次のように語った。

博物館構想が具体化したのは一九八九年だった。それまでは、コングスヴィンゲル博物館で年に一回、女性をテーマとする企画展を開いてきた。「針仕事」「コングスヴィンゲル市の女性パイオニアたち」「コングスヴィンゲル市の女性写真家」……。一九八九年の新規プロジェクトは「女性史」だった。これに国の行政・消費者問題省(4)から「女性と政治に関する情報活動」費という名目の助成金が出ることになった。コングスヴィンゲル博物館は、助成金で特別のコンサルタントを雇って展示企画の構想を任せた。こうして出来上がったのが特別展「カミラ・コレットの笑い」だった。

その一方で、同博物館はダグニ・ユールの屋敷を、女性の博物館にする計画を進めた。まず屋敷を買い取った。屋敷は破損がひどかった。困難な改装の途中にも、展示可能なスペースをつくっては、女性と政治に関する展示を決行した。その一つ、お年寄りからの聞き書きをもとに構成した創作プロジェクト「女たちの運命」は、全国の博物館・美術館で巡回されるほどの傑作に仕上がった。国内だけでなく、国外からも貸し出し依頼が舞い込んだ。こうして存在をアピールすると同時に、国会や県議会にロビー活動を続けて、改装に参画してくれた芸術家への報酬を捻出することができた。

当時の環境大臣シッセル・ルーベックの力が大きかった。彼女は前内閣で男女平等推進の責任省である行政・消費者問題省の大臣だった。「環境省の予算で文化振興に使える分が残っているから申請するように」と教えてくれた。さすがは大臣四割以上が女性の国だ。

一九九五年、女性博物館はソニア王妃を迎えて開館式典を行った。一九九八年には国立博物館として認定された。二〇〇〇年のミレニアム特別展では「カミラ・コレットの笑い」を企画し、これにはハーラル国王もやってきて、オープニングを祝った。

●妊娠中絶をした手術台

館内には、妊娠中絶に使われた昔の黒い手術台や手術器具が置かれた部屋もある。こんな手術台が一九六〇年まで使われていたのだという。

手術台の横の壁には、私も見たことのある有名な絵画「警察医務室前のアルバーティン」が飾られていた。ムンクに影響を与えたと言われる画家クリスチャン・クローグの作品だ。売春を決意した極貧の少女アルバーティンが、性病検査のため警察医務室に入室しようとしている絵で、本物はオスロのナショナル・ギャラリーにある。社会派作家でもあったクローグは、この絵と同時に『アルバーティン』という小説を発表し、売春婦の悲惨な暮らしを初めて世に知らしめた。しかし、小説のほうは、発表後ただちに没収されてしまった。

妊娠中絶のための手術台や絵画は、「避妊薬や避妊具のなかった時代、貧しい売春婦が妊娠したらいったいどうなったのだろう」と見る者の想像力をかき立てずにはおかない。

展示全体は、史実をもとに女性の視点で創作した作品が多い。ロングスカートのきれいなドレスを着て、暖炉の前に座っている女性たちの等身大の人形。女性たちは暇をもてあましぎみにレースの刺繍を編んでいる。イプセンの戯曲『人形の家』の主人公ノラを通して日本人にも紹介された一九世紀の上・中流階級の女性たちだった。

「女性解放150年の歴史」（国立女性博物館 2001）

私が目を奪われたのは、正面玄関に近いところに展示されていたオブジェ「女性解放一五〇年の歴史」。一人の女性アーティストによる作品だ。Sの字を二つ重ねた記号§の集合体の鉄製オブジェ。モダンアートだが、どこの家にもあるフックのようにも見える。§は法律の「条」にあたる記号だ。よく見ると、そのフック一つひとつに条文の記された小さな透明な紙がかけられている。「婚外子の権利」「結婚前の姓を名乗れる権利」「男女平等法」……。なるほど、これは女性に深く関わる法律の条文なのだ。分厚い法律全書の条文は、一生涯に一度も目にしない人が多いだろう。しかし、ここではこんなにも身近に読むことができるのだ。

まだ紙の下がってないフックは、これから獲得する男女平等のための法律用にとってあるのだという。

●シャツの山が語る女の一生

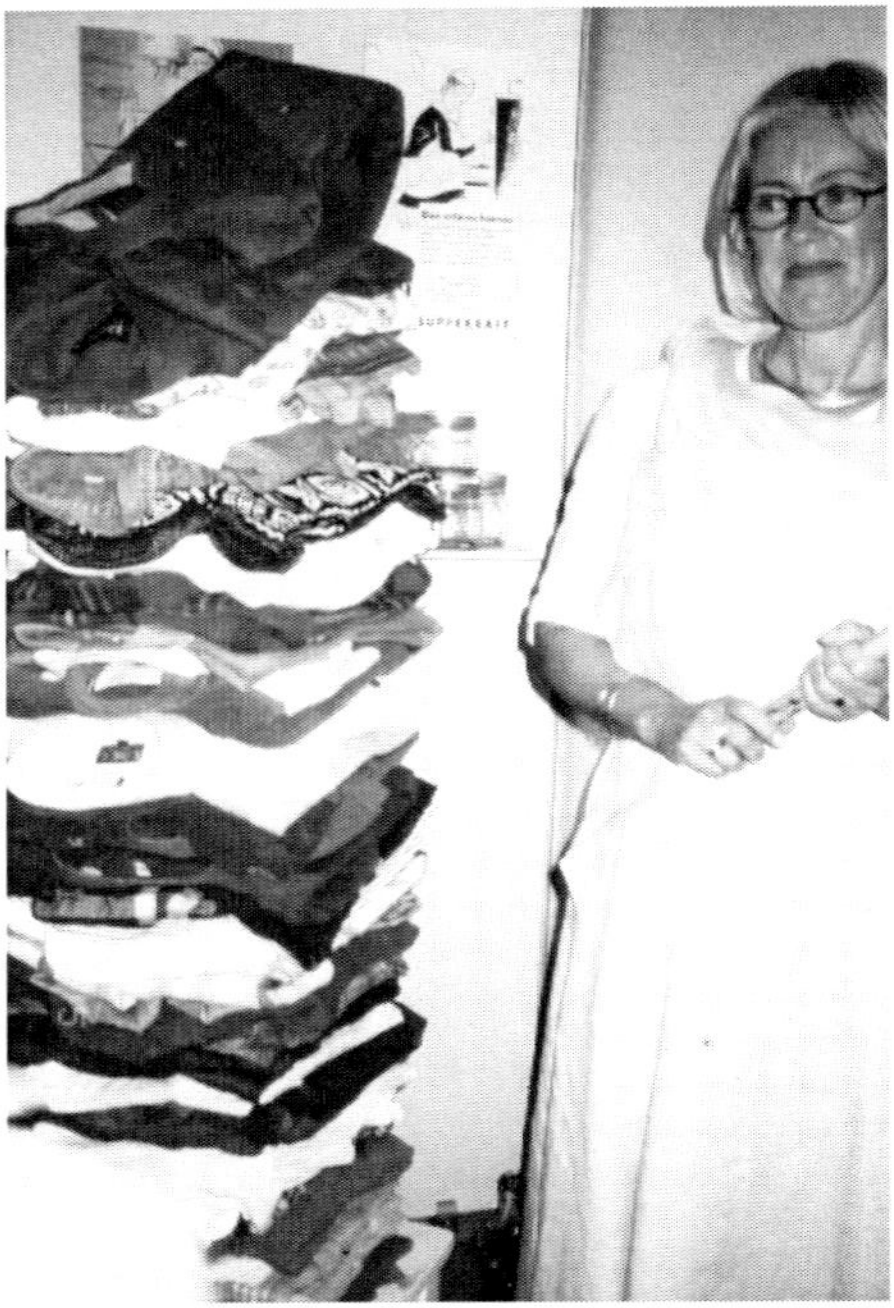

「女の一生」を解説するヤコブソン館長（国立女性博物館 2001）

別のコーナーには、折りたたんだシャツがうず高く積まれ「女の一生」と書かれていた。際限のない家事をシンボル化したオブジェだ。日本にも「女と鍋釜には休日がない」という言葉があったっけ。

女性博物館に見学に来た小学生は、これを見て「僕んちは、洗濯もアイロンかけもパパがするよ」と言い、お年寄りの女性は「私は、夫が生きている間、毎日夫のシャツのアイロンかけばかりしていました。私の一生は、こんな少ない数じゃないわ」とため息をつくのだという。

特別展「カミラ・コレットの笑い」の終点には、女性解放運動の写真が所狭しと貼られていた。ハイライトは六〇年代と七〇年代の白黒写真だ。私の目にはさきほど見た妊娠中絶の手術台や物騒な手術器具の残像がちらつくのだが、そんな重苦しさを吹き飛ばす女性たちの怒り、抗議、笑い……。妊娠中絶の合法化を求めて大空の下でデモを繰り広げる女性たちの写真。お腹の大きい女性たちが夫や恋人といっしょにデモをしている写真。「妊娠の自由を、中絶の自由を！」「出産の強制を許すな！」というスローガンを高々と掲げてねり歩いている写真……。

ヤコブソン館長は、「妊娠中絶の運動は、七〇年代を代表する女性解放運動でした」と言い、デモに参加しているお腹の大きな女性を指さして「これ、私ですよ」と笑った。

妊娠中絶合法化の闘いこそ、Personal is Political の典型的運動だった。今でこそ、ほぼすべての国が、女性の身体が危険な場合の妊娠中絶を認めているが、つい数十年前まではノルウェーですら、中絶手術をした医師も中絶した女性も刑法で罰せられたのである。

博物館館長と市長が豊中市にやってきた

国立女性博物館を視察してから何か月か経ったころだった。館長カーリ・ヤコブソンとコングスヴィンゲル市長のアルヴェ・ボーネス（男性）が、私が館長を務めていた大阪府豊中市の女性センターの視察と、豊中市長の表敬訪問をしたいと言ってきた。旅費、宿泊費などの経費は、すべて向こうが負担するという。私が働いていたころの豊中市女性センターには、日本各地から視察が絶えなかったが、北欧ノルウェーからの視察希望は初めてだった。

二人は大阪に到着後、ただちに豊中市役所に向かい、市長室で一色市長（当時）を表敬訪問した。コングスヴィンゲル市の市長は、豊中市長に「女性の地位向上のために頑張る市長同士、これから友好関係を結んでいきたい」と希望を述べた。しかし豊中市市長はそれに対して具体的な返事をしなかった。私たちは、女性センターで「お茶会トーク」と題した集いに二人を招いた。ノルウェー女性の歴史や運動について直接話を聞くことができるまたとない機会なので、市民にも公開した。たいして宣伝もしなかったが、熱心な市民が口コミで呼びかけ合って駆けつけてくれた。和気あいあいの中、会は終わった。

カーリ・ヤコブソン館長とアルヴェ・ボーネス市長が、豊中市を訪問し、今後の交流を呼びかけたのは、日本からの国立女性博物館訪問がきっかけだった。私を含め、豊中市や豊中市女性センター関係者が視察団にいたことから、ヤコブソン館長は、豊中市の女性センターに強い関心を持った。私は、女性差別撤廃と女性の人権尊重をめざす施設だということ、施設建設・運営の経費には公費があてられていることを説明した。それを聞いた彼女はコングスヴィンゲルの市長を説得して、いっしょに日本へやってきたのだという。

ノルウェーの賓客たちは、豊中市の市長のことを「女性の地位向上のために頑張る市長」と思ってくれた。しかし、女性の地位向上をめざして友好都市関係を結ぶというせっかくの申し出は、水泡と帰した。「国立女性博物館と豊中市女性センターとの共同企画展」という構想も不可能となった。

実は、豊中市では女性の権利擁護を快く思わない議員たちが跋扈《ばっこ》し、そんなバックラッシュ勢力に気兼ねする空気が蔓延していたのだった。館長だった私は首を切られた。

2　自己決定権を求めて

●産む、産まないは女性が決める

ノルウェー初の女性の首相グロ・ハーレム・ブルントラントは、「女性解放運動がなかったら、ノルウェーに女性の首相は誕生しなかった」と研究者のインタビューに答えている。(5)「私の行動の中心には、性教育と家族計画それに女性が妊娠中絶の決定権を持つこと、がいつもありました」とも言う。ノルウェーの女性の政治進出に、ブルントラント首相の果たした役割は絶大である。ブルントラントが首相にならなかったら、ノルウェーの男女平等はここまで進まなかっただろう。そのブルントラントが言う妊娠中絶の自己決定権を求める運動について述べたい。

一九七〇年代のノルウェー。医師ブルントラントは、オスロの病院の「妊娠中絶委員会」の委員だった。妊娠中絶委員会とは、「おろしたい」と願い出る女性を医師二人が査問して、中絶の是非を決める公的機関だ。この委員会の決定がなければ、どんなに中絶を切望しても許されなかった。ブルントラントは、避妊に失敗したり、アルコール依存症の夫に強要されたりしての望まない妊娠に苦しむ女性に日々接していた。避妊具を買えない貧しい女性をポケットマネーで支援したこともあった。[6]

男性医師がほとんどだった妊娠中絶委員会委員について、彼女はこう語る。[7]

「妊娠中絶委員会委員で、私より先輩にあたる産婦人科医が、中絶を求めてきた女性にノーと言ったケースがありました。しかし私は、『中絶をしてはいけない』と回答をしたことは一度もありません。当事者の女性に『あなたは間違っています。子どもを産みなさい』とか、『私たち医師のほうがあなたより賢明な判断ができます』などと言えるケースなんて、実はないのです」

「妊娠中絶を女性自身が決めるべきだ」「いや中絶は犯罪だから、すべきでない」。こんな激しい論争がノルウェー社会に渦巻いた。ブルントラントは「産むかどうかの最終決定は当事者の女性がすべきだ」と公の討論会や報道の場で声を大にして言い続け、合法化運動の中心的人物となった。

一九七四年、労働党と左派社会党に所属する医師や医療保健専門家たちの手で、妊娠中絶合法化を進める団体が創設され、彼女は代表になった。弱冠三五歳、五歳の末子を含めて育ち盛りの子ども四人の母親でもあった。その同じ年、首相（労働党）から懇願されて環境大臣にも就任した。社会的発言力はますます大きくなった。

ノルウェーでは、一九六〇年代まで、妊娠中絶は違法だった。出産の少し前まで妊娠の自覚がなくて出産し、学校中のスキャンダルとなって退学させられた一〇代の少女。在学中に妊娠がわかり海外で中絶手術をした後、罪悪感から自殺した高校生。娘の妊娠を知った母親がハンガーで中絶施術をしたため二度と妊娠できない身体になった若い女性……悲惨な例が後をたたなかった。

一九八〇年代、町田にある都立野津田高校で教員をしていた私は、〝荒れる高校生〟の担任だった。活発な性行動をとる高校生が多かった。しかしその結果を引き受けなければならないのは女生徒だった。妊娠・中絶に悩む女生徒を自宅に泊めて相談にのったこともあった。だからノルウェーの話は、女生徒たちと悩んだ日々を思い起こさせ他人事ではない。

さてノルウェーでは一九七〇年代になると、町に繰り出して抗議の声を上げる女性たちが現れる。

「なぜ、自分自身の体について自分が決められないのだ」

「産む、産まないは女性自身が決めることだ」

こうしてノルウェー女性解放運動のハイライトともいえる中絶合法化運動が始まった。一九七〇年代、世界の国々で男性中心主義社会に異議を唱えた第二波フェミニズム運動のノルウェー版だ。

●自己決定権を初めて主張した女性

こうした主張がノルウェーで飛び出したのは七〇年代が初めてではない。一九一〇年代、女性解放運動家のカッティ・アンケル・ムッレル（一八六八－一九四五）が早くから声を上げた。一九一三年、ある未婚女性が妊娠中絶が原因で血液に毒が回って死亡し、新聞で報道された。「闇のおろし屋」に法外な謝礼を払って頼むしかない時代、女性が死に至ることは珍しくなかった。ムッレルは、「もしも、医師の手で妊娠中絶手術がなされていたら、死ななかっただろう。女性の命を救おう」と新聞に投稿した。

一九一五年、彼女は、中絶した女性を殺人者として罰する刑法二四五条の改正を求めて、「母親の

妊娠中絶の手術台と器具（国立女性博物館 2001）

解放」という有名な演説をする。

「自由の土台は、自分の体について、体の中のすべてのことについて自分自身が決められることにあります。その逆は奴隷状態です」

カッティ・アンケル・ムッレルについて、私は、『男を消せ！』で書いた。彼女こそ、一九一五年の婚外子差別撤廃法の本当の産みの親だった。この革命的法律は、「親と子の法」、または提案者・社会福祉大臣ヨーハン・カストベルグにちなんで「カストベルグ法」とも呼ばれてきた。

親が結婚していようといまいと子どもは同じ法的権利を有するとされた世界初の法律だった。その後、世界中に影響を与えた。日本は、全く影響を受けなかった珍しい国で、二〇一〇年の民法でもいまだに「非嫡出子の相続分は嫡出子の半分」と決めている。破廉恥このうえない。

女性が国会議員にやっとなれた時代に、いったいどのような論法で「親と子の法」をこの世に誕生させたのか。『男を消せ！』の執筆時には、十分に調査しきれなかった。ムッレルをあの世まで追いかけて行って聞いてみたかった。

だが、インターネットの威力はすごい。あの世まで追いかけなくても疑問解明へのヒントが見つかった。[8] カッティ・アンケル・ムッレルの姉はヨーハン・カストベルグの妻だった。つまり義理の兄が、義理の妹の志を汲んで、国会で「カストベルグ法」を成立させたのである。世界初の婚外子差別撤廃法は、私の思っていた通り、本当は「ムッレル法」なのだ。

カッティ・アンケル（ムッレルは結婚後の夫の姓）の親は、ノルウェー初のフォークハイスクールの創設者だった。フォークハイスクールとは、農民層を対象に対話や討論が主体の参加型教育をする成人学校で、「生のための学校」とも呼ばれる。彼女は、生まれたときから、このような教育を重視する自由な雰囲気の中で育った。

若き弁護士ヨーハン・カストベルグが、この一家と知り合いになったころには、カッティたちは公の場でがんがん政治的発言をしていた。カストベルグはこんな一家との交流で政治に目覚め、一九〇〇年、国会議員に当選した。後に彼は、自由党内閣でノルウェー初の社会問題大臣となる。[9]

一方、カッティは一九〇二年、オスロやトロンハイムに「シングルマザーの家」を設立する。同時に、シングルマザーの権利のための法律（婚外子差別撤廃法）制定に動く。その片腕が、国会議員となったばかりの弁護士カストベルグだったというわけだ。

●女性の生のための学校

カッティは当時の女性にしてはまれな、開放的環境で育ったが、一代前の母親は違った。一〇人もの子どもを出産し、それがもとで五〇歳で他界する。だから、カッティは、妊娠・出産に明け暮れた母親の一生を理不尽に支配した法制度を呪ったに違いない。加えて彼女は、フランス滞在中に、シングルマザーや売春婦の悲惨な人生を知ることになる。

こうして、「親と子の法」制定後、妊娠中絶の合法化運動へとひた走ってゆく。しかし同時に激しい逆風にさらされ、運動はマイルドな方向への転換を余儀なくされた。そこでオスロに「母親保健センター」を創設することにした。そこは、避妊、妊娠、出産、育児など女性が生きてゆくうえで必要不可欠な情報を女性に与える場所だった。私なら〝女性の生のための学校〟と呼びたい。全国から手紙が洪水のように舞い込んだ。たとえば――

「私は三八歳の働く母親です。これで一三度目の妊娠です。現在三か月の身重の私を、何とぞお救いください。働く母親に未来をお与えください[10]」

これ以上もう産めない、という貧しい女性たちからの悲痛な訴えが山と寄せられた。しかし、こと中絶に関して母親保健センターは無力だった。

一九三〇年代、政府は妊娠中絶のための新法制定を目的にした委員会を立ち上げた。委員長には、ムッレルの娘で医師のトーヴェ・モールが就任した。娘が母の悲願を受け継いだのだ。

この委員会設立に、キリスト教会など中絶反対派が激怒した。「新法は戦争より多く人を殺すことになる」「神が与えたもう尊い命を抹殺する殺人鬼の母」……こんな声を背にした二〇万人以上もの反対署名が集められた[11]。

母親保健センターは、第二次世界大戦が始まると、ノルウェーを占領したナチスドイツによって閉鎖された。

戦後、再開。そのときには、妊娠中絶の相談も受け始めた。大勢の女性が助けを求めてきた。しかし中絶手術はできなかった。増える一方の違法妊娠中絶は、医師会にとっても深刻な問題となった。母親が違法中絶で幼児を残して死んだ事件をきっかけに、中絶問題が大きな社会問題として再燃した。

一九六〇年、国会に妊娠中絶の新しい法律が制定された。医学的、優生学的、または犯罪的観点から見て必要な場合で夫の承諾があるケースに限って、二人の医師による委員会にかけられ、中絶の是非が判定されるというものだった。医師ブルントトラントが委員だった、例の妊娠中絶委員会だ。

新法が一九六四年に施行されると今度は、「女性の未来をなぜ医師二人に委ねなければならないのだ」という憤りが女性たちからわき出てきた。当然である。

労働党の女性部には、妊娠中絶運動に関わる党員が多かった。若き医師ブルントトラントはその筆頭だった。一九六九年、彼女たちは、労働党女性部として「妊娠中絶の自己決定権」を党の公約にする方針を決めた。女性部は党大会に提案し、圧倒的多数の賛成を得た。

妊娠中絶論争は全国に飛び火した。学生、教員、看護婦、医師、研究者、政治家……あらゆる層の女性たちが参加した。〝Selv-bestemt Abort 中絶の自己決定権を〟というスローガンが全国にとどろき渡った。フェミニスト雑誌『魔女』は、「妊娠中絶をしなければならない場合、この医師のもとに行ってはならない」という危険医師リストを掲載した。

●「妊娠中絶はナチと同じだ」

反対派も勢いづいた。

エーギル・オールヴィク社会問題大臣（キリスト教民主党）は、「中絶は殺人だ。望まない妊娠は、

中絶の自己決定権を求めるデモ隊と警官隊（ビデオ「Women in Power」ノルウェー外務省 1993 より）

酒を飲んだときのついうっかりから起きてしまうもの。今以上の避妊教育は不要だ」と猛反対した。中絶反対派の団体「妊娠中絶に反対する市民アクション」は、〝Ja til livet 命にイエスを〟をスローガンに、キリスト教信者を中心に全国規模で賛同者を増やした。その運動冊子には、「彼女らは危険だ。歴史が証明している。望まれない人たちを死に追いやったナチとまったく同じだ」と書かれていた。

反対派の急先鋒ペール・ルンニング牧師は、こう説教した。

「妊娠中絶は、モレク王に人身御供を捧げるようなものだというたとえは、まんざら否定できない。医師には妊娠中絶の手術をしていると胎児が泣いているのが聞こえるものらしい」

キリスト教民主党、キリスト教医学協会、ノルウェー看護協会、ノルウェー産科医協会などが中絶反対に回った。

エルセ・ミシェレット（一九四二―）は、妊娠中絶運動の渦中にいた。彼女は、ノルウェー国営放送に勤めるかたわら女性解放運動に関わっていた。

一九七四年、彼女は「中絶の自己決定権を求める女性アクション」という団体の代表に選ばれた。この団体は現法を改正して女性に妊娠中絶の決定権を与えるようにしようという単一目的のために創設された。いくつかの女性団体の連合体だった。後、全国運動の司令塔となってゆく。

国会の動きに合わせ、署名運動、ビラまき、新聞投稿、集会やデモを行った。彼女は、賛成派の会合だけでなく、反対派の会合にも出て、反発をものともせず妊娠中絶の自己決定権の必要性を主張し続けた。反対派からはこんな暴言を浴びた。

「オマンコ女！」（チラシ配りをしている最中に）

「毒蛇女め」

「今晩、お前を眠らせないようにしてやるぞ」（夜中の嫌がらせ電話）

「お前は説教しているつもりだろうが、お前など悪魔の誘惑者だ！」

「はりつけにしてやる！　はりつけにしてやる！」

ミシェレットは、今もノルウェー国営放送のエンターテイナーであり、辛辣な皮肉とウィットでテレビ・ラジオの人気を博している。小説家でもある。[12] 彼女は、七〇年代の運動を振り返ってこう言う。

「女性解放運動が、国の方針に影響を与え、政策を変えてきました。もし女性運動がなかったら、と考えてみてください。女性たちは、経済的自立もできず、居間に静かに座って、レース編みをして夫の帰りを待つか、または、一〇歳からマッチ工場で働き続けなければならなかったのですよ」

女性解放を求めて力強くデモをする 1970 年代の女性たち（ビデオ「Women in Power」ノルウェー外務省 1993 より）

ノルウェーの政策が国連に

エルセ・ミシェレットの話は、ほんの一例にすぎない。ノルウェーには、彼女のような女性が数えきれないほどいて、中絶の合法化を求めて闘った。

とくに一九七二年創立の女性解放団体「女性フロント」[13]は、あらゆる女性差別に反対する最大の運動体となったが、スタートは中絶合法化運動だった。若い学生が多かったうえ、トップに代表を置くピラミッド型組織を否定して誰もがすべての決定に参加するフラットな組織運営だった。若いスタミナと新鮮なアイデアが運動にストレートに反映された。

エルセ・ミシェレットが代表を務めた中絶運動の中核的組織「中絶の自己決定権を求める女性アクション」は、この女性フロントのような若い層を中心としたグループと、伝統的な女性団体、さらにグロ・ハーレム・ブルントラントなど専門家が手をつないだ、層の厚い社会変革運動体だった。

こうしたうねりを受けた一九七七年の国政選挙は、妊娠中絶の是非が争点となり、中絶合法化を唱える労働党が勝った。翌一九七八年、国会で妊娠中絶は合法となり、国を二分した妊娠中絶問題にピリオドが打たれた。

その世論づくりに貢献をしたブルントラントは、三年後の一九八一年、史上最年少でノルウェー首相に就任した。一九八六年の第二次ブルントラント内閣では女性を四〇％にして、世界の政治史に革命的一ページを加えた。その革命の矢が日本にも飛んできて、私の心を射止めたのは、本書の冒頭に述べた。

ブルントラント首相は、一九九四年のカイロ国際人口開発会議で基調講演[14]を行い、中絶絶対反対を表明するために会議に乗り込んできたカトリックやイスラム教の代表者を前に、こう訴えた。

「家族計画は、悲劇をなくし、人生の選択権を広げます。これを阻んでいるのは主に宗教です。倫理の名の下に、望まない妊娠や違法中絶、望まれずに生まれた子どものみじめな生活によって母親が苦しんだり死亡したりするのなら、その倫理は偽善です」

勇気ある発言だった。彼女の演説は、それ以降の国連の政策を方向づけた。首相退任後は、女性初のＷＨＯ事務局長に就任し、世界の「産む産まないを決める女性の権利」の徹底に力をつくすことになった。

3　支配者が使う五つの手口

●あくびをし、ひそひそ話をする

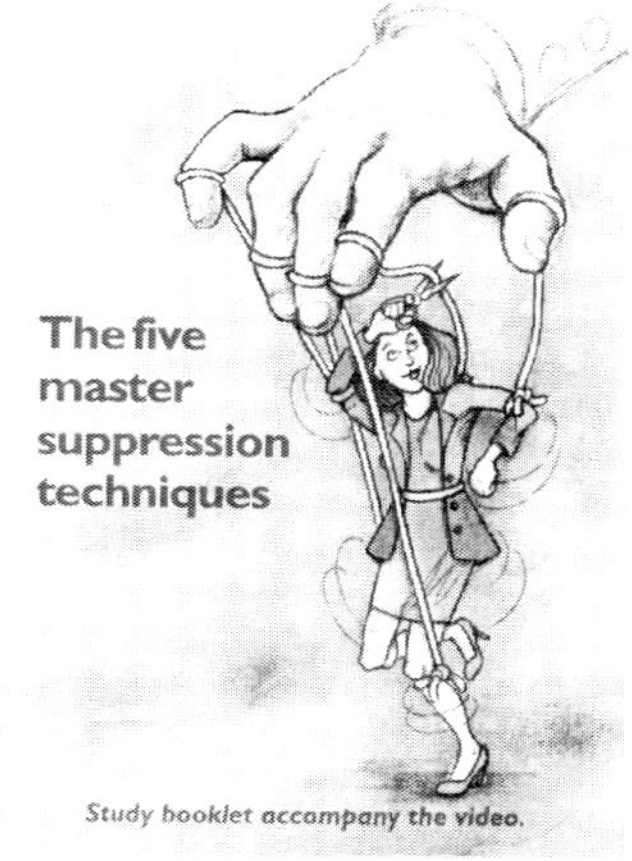

スエーデン・ヴェクショー市のビデオ教材「五つの抑圧テクニック」。ベリット・オースの講話をもとに作られた

左派社会党初代党首で社会心理学者のベリット・オースは、一九九五年のある日、彼女の自宅で、政治家になりたてのころの話をしてくれた。

「男性二人と私がパネリストになって、大勢の前で話す会議がありました。そのとき、おかしなことに気づいたのです。参加者は、男性のパネリストの話は聞いているのに、私が話すと、隣とひそひそ話をしたり、私のほうから眼をそらしたり、後ろを見たり……、とにかく真面目に聞こうとしない。そこで私は、隣に座っている男性たちより一メートル後ろに椅子を下げて座ってみました。すると横一線に座っていると見えなかった男性パネリストのしぐさが、よくわかりました。なんと私が話すたびに、私の隣に座っていた男性は、あくびをしたり、隣とおしゃべりをしたり、髪の毛をかいて横を向いたり、新聞を取り出して読んだりしていたのです。これは、彼らのボディ・ランゲージが会場に伝わっているのだな、と気がつきました」

●抑圧体験を五つに分類

ベリット・オースはこの屈辱的経験を得意の心理学で分析して、「五つの抑圧テクニック」と名づけた。つまり、男性が女性を抑圧するときに使う五つの手口としてまとめ、女性に勇気を奮い立たせる教材にした。そして、国内外の女性たちを相手に講演をして歩いた。

五つに分類された「抑圧」は、女性ならどこかで経験したことのあるものばかりだった。「あ、それは私がされたことだ！」と目を見開かせられた女性たちは、それを記録し、自国流にアレンジし、小冊子にまとめて広めた。アイスランドでは講演がヒントになって「女性党」が誕生し、この火種が燎原の炎となって「選挙で選ばれた世界初の女性大統領」を誕生させることにもなった。[15]

この男女平等の世界的伝道師を日本に招くことはできないものかと私は考えた。二〇〇三年の春、なんとそれが実現してしまった。

そのころ、私は大阪府豊中市が建てた女性センターの館長をしていた。そこは男女平等と女性の人権確立のための施設だった。私は、地域に関係の深い事業と並行して、グローバルな視点での国際シンポジウムも打ち出したかった。しかし、国際的企画の予算は全くなかった。宿泊代や食事代はメドがつきそうだったが、最大のネックは、ノルウェーから日本までの旅費だった。

私はそんな台所事情を率直にベリットに説明した。すると、彼女は、かねてから招待されていたブラジルの研究所に行く予定をからませて、旅費をカバーする方策を考え出してくれた。

ベリットは、二〇〇三年五月一六日、関西国際空港に到着した。名古屋市、高知市、武生市（当時）、豊中市の四か所で講演をした。通訳は私が引き受けた。「どうしても広島の平和祈念資料館と原爆ドームを見たい」と言い出したので、新幹線で広島にもお連れした。

日本の新聞は、聴衆をとりこにしたベリットの講演を写真入りで大きく報道した。

「ノルウェーで実践　男女比率割当制って？」（『毎日新聞』二〇〇三・五・一六）、「男女平等への抑圧指摘を」（『高知新聞』二〇〇三・五・一九）、「社会の抑圧と戦おう」（『福井新聞』二〇〇三・五・二二）。

ベリットは五月二三日、関西空港からサンフランシスコ経由でブラジルに向かった。七五歳とは思えぬ、怒濤の講演旅行だった。

日本講演の貴重な記録を、本人の許可を得て紹介しよう。これを読むと、女性を政界に増やすために、党首として政党内にクオータ制を根づかせ、国会議員として憲法にクオータ制を入れる改正案を提案した政治家ベリットとは別の、もう一つの顔を見ることができる。女性の心の奥深くに巣くっている「自信のなさ」を壊そうとする社会心理学者の顔だ。

●ベリット・オース講演録──「五つの抑圧テクニック」

女性が政治権力を手に入れるためには、戦術が必要です。それも、単調ではいけません。同時多発的にアクションを起こすのです。男性が反撃してきたら、次なる戦術に移るような柔軟さもなければいけません。

ノルウェーの女性たちは、アクションを二重三重に起こしました。まず第一に、公職選挙法を効果的に使いました。第二に、クオータ制を積極的に要求しました。第三に、女性団体による秘密結社的運動をしました。これら三つのアクションについては、三井マリ子の本『男を消せ！』に詳しく述べられています。

第四に、女性に欠けている「自信」を取り戻そうと試みました。この「自信」こそ、政治権力を握るためにきわめて重要かつ不可欠なものなのです。今日は、この第四に焦点をあてて話します。

女性を自信喪失させるものを、私は「(男性の)五つの抑圧テクニック」と名づけました。女性が生き抜くためには、女性個人の尊厳を守るための武器を生み出さねばなりません。人権や正義のわかっている男性のみなさんも、この理論を聞いてくださるなら、男性主導の心理的仕組みが、いかに自己破滅的なメカニズムで動いているかを認識できるはずです。

さて、ほとんどすべての支配層は、あらゆる被支配層に対して、少なくとも五つの抑圧テクニックを自在に駆使しています。とくにここでは、女性を所有物または商品と見なしている男性という支配者に注目します。

あるものを所有している者が、その所有物に対して強大な権力を振るい続けるためには、常に「自分は所有物より価値がある」ということを誇示しなければなりません。つまり男性は、女性を「劣った個人」または「劣った集団」と規定しなければなりません。女性の尊厳を奪い、女性が自分自身を信頼しようという感情を破壊しなければなりません。

男性が、この抑圧テクニックを二重三重に使うと、強力な効果が生まれます。これらのテクニックを使うことや、実際に使わなくても使うぞと脅しをかけることの向こうには、女性を抑圧する政治が見えてきます。

では、私たち女性が「抑圧テクニック」を分類することに、どんな意味があるのでしょうか。まず、そのテクニックが持つ危険性を弱める方向に、一歩踏み出すことができます。「あっ、これが抑圧テクニックだな」と気がつくことが大事なのです。気づいたら、それを分類し、番号をつけます。番号がつくと、その抑圧の手口についてほかの女性たちと話し合うことができます。自分の「外」に出すことで、その抑圧テクニックを客観視することができます。

さらにテクニックを使っている側に、その手口を示すことによって、抑圧の危険性を弱めることもできます。こうして、女性は、抑圧から解放されていくのです。

このようにして、何百年以上にもわたって続いてきた、「強制された反応」とでもいうべき感情が壊されていきます。犠牲者の心の中に存在していた、思想と感情と行動の悪い連鎖がどろどろと溶け出します。

第一　無視する

公職についたり、政治家となったりした女性たちは、存在を無視されたり、発言を聞いてもらえなかったりすることがあります。

一九七〇年代のノルウェーの国会議員の話をしましょう。男性の国会議員はみな国会議事堂にある極上の椅子に座って写真を撮られる慣行がありました。ところが、女性の国会議員は誰一人、その極上の椅子に座って撮影されたことがありませんでした。

エヴァ・コルスタという国会議員の話もいい例です。当時、女性の政党党首は彼女一人でした。「報道陣は、政党党首全員に政治上のコメントを求めるのに、私にはコメントを求めてきませんでした。ショックでした」。彼女自身が私にそう語ったのです。女性の政治家は、セックスアピールやその容姿、服装がどうのこうのという場合には、よくコメントを求められるのですが……。

ほかの例も出してみましょうね。主婦や母や妻が、長年にわたって家族たちの悩みに耳を傾け、心配し、励ましてきたというのに、自分の悩みを家族に打ち明けたとたん、家族の誰もがそれを取り合おうとしないことに気づくことがあります。

女性たちのこのような経験は、エリクソンの『インビジブル・マン』（見えない人間）が描く黒人の経験と似ています。同著から引用します。

無視する

「僕は見えない人間だ。エドガー・アラン・ポーの幽霊ではない。いやハリウッド映画の霊媒の一人でもない。僕は実体のある人間だ。血も骨もあり、繊維も液体もあり、なんと心さえあると言われている。それでも、僕は見えない人間だ。なぜなら、人は僕を見ようとしないからだ」

国会の外交委員会に属していた私も同じ経験をしました。ノルウェー外交委員会がシリアのアサド大統領を訪問したときのことです。アサド大統領は、委員会の委員一人ひとりと握手し、歓迎しました。ところが、私の目の前に来た大統領は、私をよけ、私の手を握ろうともしませんでした。そのとき、私はまるでその場に存在していないかのようでした。見えない人間だったのです。

私は、この経験をすぐほかの委員に話しました。するとノルウェー首相だった男性議員は、私をなぐさめるかのようにこう言いました。

「アサド大統領は、あなたを見て、外交委員会の秘書にすぎないと思ったのでしょう」

この彼の言い草は、アサド大統領を勘弁しておやりなさいと述べただけでなく、彼が女性をどのように見ているかをも示唆しています。

政党の党首であった私が、西側諸国の多くの政党党首とともにルーマニアの大統領を訪問したときのことも忘れられません。後でわかったのですが、大統領との写真には、私とではなく、同伴した私の夫と握手している場面が撮影されていました。

このようなことが身の回りに起こって、無視されたと感じた女性は、次に、周囲からこう言われるのが常でした。

「そんな何の意味もないことを、いちいち言わないほうがいい」

「些細なことだから、許してあげたほうがいい」

女性が「私は無視されています」と言わないことが、「女性が見えない存在とされている事実」を見えなくしているのです。このことを忘れてはなりません。

第二　からかう

笑うことはとても健康によいことです。ノルウェーに「いい笑いは寿命を延ばす」ということわざがあります。でも、笑いのネタにされたのがあなただったらどうでしょう。

たとえば、どこの国でも女性は男性よりも交通事故を起こす割合が低いことは証明ずみです。にもかかわらず、あらゆる国の自動車雑誌には、パニックになったクレージーな女性ドライバーがたくさん描かれています。

また、どの国の漫画でも、女というものは奇妙奇天烈な帽子を買いあさったり、街角で男性を誘惑するような格好をしたりするもの、と描かれています。四〇歳以上の女性が、体の特徴をからかわれる話は、枚挙にいとまがありません。

私が率いる左派社会党の人気がどんどん高くなったときのことです。メディアは、「ベリットのおっぱいが揺れるたびに党の支持者が増えてゆく」と表現しました。みんな笑っていましたが、私はヌードにされたようで、屈辱感でいっぱいでした。

次に七〇年代初頭、ノルウェーの某政党の年次大会で起こった話をします。

会議の最中、男性たちは、ある中年女性のヌードを描いた紙を、机の下で手から手に回していました。彼女は、その政党の選挙リスト（投票用紙）において特別に上位に登載された指導的立場の人でした。

こうした政党の会議で、女性が、党の指導的な男性政治家のヌードを書くことなど想像だにできません。ましてや男性ヌードの描かれた紙が、参加者の手で机の下で回されるなんてことは、絶対ありえないことです。

また男性は、男性ヌードを描くことなどありません。なぜなら、男性は、男性の性はプライベートなものであると思っているからです。それに対して、女性の性はさらしものにしてもいいもの、と多くの男性は考えているのです。

では、なぜこの会議に出席した女性たちは抗議をしなかったか。理由は、彼女たちはヌードを描かれた女性を気の毒だと思っただけでなく、その絵に描かれている人間の性が自分と同じであり、自分も辱められているかのように思ってしまった。女性たちはみな、性的対象物にされたかのように思ってしまった。身が縮んでしまって、怒りをあらわにできなかったのです。

簡単ではありませんが、「そんな冗談は、おもしろくありません」と言ってみることです。そこから、あなたの尊厳が少しずつ回復していきます。ほかの女性がからかわれたとき、絶対いっしょに笑わない

からかう

ことです。逆ににらみをきかせ、声をそろえて「いったい何がおかしいんですか」と言ってみましょう。

第三　情報を与えない

歴史的に、女性は宗教に関する情報に近づくことを否定されてきました。教会の牧師や宗教界の指導者が持っている情報は、彼らだけの秘密でした。

イングリッド・ビェルコースが女性で初めて教区牧師になったとき、国中の監督（カトリックの司教にあたる）からその教区の牧師に手紙の山が届きました。その内容はすべて、ビェルコースが教区牧師になったことに反対だ、というものでした。理由は「女が、男たちの神聖な領域に入り込むのはとんでもない」でした。

また女性たちは、長い間、医学を学ぶことを拒否されてきました。婦人科に関する医学ですら、女性が学ぶことなどできなかったのです。

男性が宗教界を制覇したヨーロッパ中世時代、八〇〇万人から一〇〇〇万人の女性が殺害されたことを思い起こしてください。魔女狩りは、教会のしたことの中でも最も恐るべき蛮行です。あれは、教会から生まれた医学という分野を、男性だけのものにしてしまいました。

第二次世界大戦までの欧米において、貧しい女性や若者たちに性教育をした女性や一部男性は、罪をきせられ、投獄さえされました。一九六〇年代初頭、米ミズーリー州の大学で教鞭をとっていたスウェーデン人女性教師は、講義に性教育を取り入れたという罪で、停職処分にされました。

世界中に女性たちの業績は山とありますが、ほとんどすべて無視されてきました。たとえば、女性が担ってきた家事や育児介護などに価値を置いている国など、どこにあるというのでしょう。

経済学者のＪ・Ｋ・ガルブレイスは、個性的でとてもおもしろい人です。彼は、家庭の主婦がしている「人の世話」に深い理解を示しました。「人の世話」への報酬は、貨幣経済とはまったく異なったルールで行われていると彼は言うのです。彼はこう書いています。

「一般社会の道徳は、社会で力を持っている人の利益にかなう行動をほめたたえます。それがどんなに不自然で、都合の悪いものであっても……」

力の強い側の利益にならないから、「人の世話」に価値を置かない、と彼は言うのです。女性のしている仕事には価値があるのだという情報を与えないことで、得をするのは男性で、損をしているのは女性なのです。

女性にとって、情報がいかに重要であるかを身近な例でお話しましょう。

結論が出ずに終わった会議の後、男性たちは飲みに出かけ、あなたは帰宅。翌週再び会議が開かれ、「これについては、Ａ案でいこう」という男性の発言に男性全員がうなずいた……。

男性には、ゴルフ・クラブ、バーなど社交の場が多くあります。男性たちは、そこでちょっとした情報交換をします。女性は、育児や家事のため帰宅しなければならず、そこで交

情報を与えない

わされる情報から遠ざけられることになります。

きちんとした発言をするには、それに関する情報が不可欠です。情報が不十分だった場合、自信を持てなくなるのです。つまり、男性が女性に情報を与えなかったり、偏った情報しか流さなかったりすることは、女性を劣った地位に置く常套手段といえます。

「なぜこういう結論になったのか、いつどこで決めたのか教えてほしい」と言ってみましょう。女性の出られない会議があったら、「私たちの代表を会議に参加させてください」と提案してみましょう。

第四　どっちに転んでもダメ

何かをしても非難され、しなくても非難されるということがあります。

ユダヤ人がこの抑圧テクニックの標的だったことは、第二次大戦やナチスドイツのプロパガンダを経験した者たちなら、よく理解できます。

ナチスドイツがノルウェーを占領したとき、私は一〇代でした。ナチスのプロパガンダは、ユダヤ人を、汚くて、みだらで、貧しくて、信用できない輩だときめつけていました。他方で、ユダヤ人というのは世界中に兵器を売って巨万の富を得て、労働者を冷酷に搾取し贅沢をむさぼっているロックフェラーやロスチャイルド家のような大金持ちだ、とも言いました。

では、このような二重判断、正反対評価にどう女性がさらされているかに移りましょう。

一日一六、七時間労働している、子持ちの女性を考えてみましょう。その女性が、あるとき、労働組合に出て同一労働同一賃金を得てないのはおかしいと主張したとします。すると男性たちは「我々は、権利を求めて労働組合で長い間戦ってきたのだ。闘っていないあなたにそういう資格はない」と批判します。要するに、女性より先に闘って勝ち取ってきたのだとする男性革命家たちは、女性たちに向かって、僕たちがしてきた闘いを君たちもすべきだった、と説教するのです。

しかし、家と外で二重の労働をしなければならない女性が、労働組合運動や政治活動に身を投じたら、どうなるか。隣近所のうわさになることは一〇〇％確実です。どんなに頻繁に家を空けているか、いかに夫や子どもをほったらかしているか、あげくのはてに、あの家の子どもたちは犯罪に走るか薬物依存になるしかないのだ……と。

ノルウェー国会の外交委員会に属していた私は、委員長にこう言われたことがあります。中国に視察に行ったときでした。「女性なら、何か男性とは違う別の外交政策を持たなければ、外交委員会にいても何にもならない」と。

二日後、その彼は明快にこう言いました。「女性の議員は、僕たちとまったく同じように政治課題をとらえるようにならなければ、外交委員会にいても何にもならない」と。

あなたの身の回りにも転がっているはずです。

子どもを迎えに行く時間に合わせて退社しようとしたら残業を頼まれた女性社員。「子どものいる女性は使いにくい」と言われることを恐れ、少しだけ残業をした。終わってから保育園に駆けつけたら、「時

どっちに転んでもダメ

間を守ってくれなくては」と注意されてしまった……。

また、数少ない女性幹部のあなたは、部下の意見に耳を傾け民主的にことを進めると「優柔不断で指導力がない」と思われ、その一方、断定的な発言をすると「女らしさのカケラもない」と批判されてしまう……。

女性へのこうした偏見は、男性がつくり上げた論理と理屈のもとだからこそ、機能しているにすぎないのです。

第五　罪をきせ、恥をかかせる

馬鹿にされたとき、よく抱く感情が「恥」です。

このテクニックは、ささやかなので、気づかないことがあります。理由もわからずに恥と罪の意識を感じるような女性がいたら、五番目の抑圧手口だと指摘してあげましょう。

「自分は無知だ」とわかると、とても恥ずかしいものです。また、自分がからかわれていることがわかったときもそうです。

ですからこの五番目の抑圧テクニックは、「二、からかう」「三、情報を与えない」が主な原因でもあります。

罪をきせ、恥をかかせることは、加害者がその罪を逃れる常套手段だということも忘れてはいけません。具体例をあげます。

罪をきせる

セクシュアル・ハラスメントを受けた女性が訴え出ることはごくまれです。それは、「あの服装じゃ、まるで男を誘っているようなもの」とか、「ＮＯと言わなかった女のほうにもその気があったんじゃないの」とか、言われ続けてきたからです。

あなたの母親が父親からドメスティック・バイオレンスを受けていたと考えてみましょう。長年、父親から「お前は馬鹿だ」と言われ続けてきた母親は、殴られるのは自分が至らないせいだ、と思ってしまうのです。

これは、犠牲者非難（被害者の側に罪をきせること）という現象です。抑圧テクニックの心理学によれば、女性の罪の意識は、権力を持つグループの手でつくられているにすぎないのです。

これを指摘するのは、辛くて困難です。でも、罪をきせられ、恥をかかせられたままでいる限り、女性の尊厳が回復することはありません。

注　ベリット・オースと筆者は講演前に話し合って日本人にわかりにくい部分を言い換えたり補充したり、詳しい説明がないと誤解を招く部分は割愛したりした。前記はその英語講演を通訳した筆者の草稿をもとに書き直したものである。〔文中のイラストは *The five master suppression techniques* (A video and brochure by the Municipality of Vaxjo Equal Opportunity Committee, ©Author: Eva Lundberg Cover: Eivor Svensson Layout: Tove Pallinder Print: Vaxjo kommun) スウェーデン・ヴェクショー市男女平等委員会、ならびに作者 Eivor Liv (Svensson) より使用許可〕

ヘンリック・イプセン（1828-1906）は、『人形の家』のほか『ペールギュント』『野鴨』など数々の戯曲を書き残した世界で最も偉大な作家の１人。フェミニスト作家の友人カミラ・コレットに「かならずや現実の世界があなたの考えのようになるときがやって来ます」と激励の手紙を送っている（Joan Temleton）（オスロ市イプセン博物館 2006）

第3章

女性の政治進出でこう変わった

20世紀初めのオーモット市議会。女性議員が1人後列左に立っている（*Folkestyre i Åmot gjennom 150 år 1837-1987* by Kåre Halvorsen 1990、エリザベス・ミーラン提供）

1　保育園待機児童いまやゼロ

○歳と三歳の子どもを抱えて

ノルウェーの国会議長ヒシュティ・コッレ・グロンダール（一九四三―）は、毎朝、小学生と同じトナカイ革のリュックサックを背負って、国会まで電車で通う。

二〇〇〇年二月、国会議長室を訪ねた私は、机の横に置いた革のリュックサックを見つけて、「これ、あなたの通勤用ですか？」と聞いてしまった。すると、「電車に乗って、市民から話しかけられるのが楽しみなの。リュックサックは重い書類を入れて移動するときも楽なんですよ」。

グロンダールは、ロイケン市の中学教師だった。一九七一年、市議会議員に初当選した。二八歳だった。一九七七年には国会議員となり、一九八六年に教会教育大臣に就任。一九九三年にはノルウェーで初の女性の国会議長になった。国会議長は国王に次ぐ高い地位だそうだ。

政治家に転身した動機を聞いた。

「一九七〇年ころのノルウェーは、働く女性を支援する政策がきわめて不十分でした。〇歳と三歳の二人の娘を抱えて働いていましたが、保育園が近くになくて困りました。そこで、女性仲間を誘って、保育園を増設するよう市長に談判しました。すると市長から、『女性は、家庭を守ることが大事』

『保育園の建設は議員が決めること』なんて言われたので、それなら、私が議員になって変えてやろうじゃないの、と決意したのです」

同じく教員だった夫も賛成してくれた。

国会議長になっても「働く女性の味方」の姿勢は変わらない。まず、委員会審議が夜間までずれ込まないように、各党には質問時間に注文をつけた。会議日を早めに決めて、議員が予定を組みやすいようにもした。

グロンダール国会議長（国会議長室 2000）

以前の国会は、予算審議が深夜まで長引き、クリスマスのころが最も忙しかった。そこで、各省庁予算の最高限度額を本会議で決めた後に委員会にかける、委員会の結論は一二月二五日までに提出する、といった議会規則の改正を提案した。こうして今では、国会議員もクリスマス前に買い物に行けるようになった。男性議員が育児休業をとることを熱心に奨励し、これもほぼ定着した。

「首相のイェンス・ストルテンベルグも、子どもが生まれたとき育児休業をとって主夫を経験しました。今でいうパパ・クオータですね。ごく最近も財務大臣がパパ・クオータをとりましたよ」

子連れ議員のために国会議員用の保育園が創設されたのは一

九八〇年代だが、現在は国会近くの保育園に一四〇万クローネ（約二三八〇万円）を特別に投資して、子ども一四人分を預かってもらう契約をした。

●保育園に通う子どもが五％だった一九七三年

二〇〇九年現在、ノルウェーは、世界有数の公的保育サービス国になった。こうした、働く女性に優しい国つくりは、グロンダール議長のような女性が政策を決定できるポストについたからこそ可能になった。

しかしグロンダールが政治家になったころは、保育園がなくてみんな途方にくれていた。ノルウェーには、日本のように祖母が孫の世話をする慣行もない。いったいどうしたのか。今回、本を執筆するにあたって保育園建設運動の記録をインターネットで検索していたら、「闘争の日々」というサイト[1]に出会った。「闘争の日々」の「すべての子どもに無料の保育を」のページには、次のような記載があった。

「一九七三年、保育園に入っている子どもは、就学前のすべての子どものわずか五％にすぎませんでした。北欧諸国で保育園に入れる子どもの割合が最も少ない国、それがノルウェーでした。そのうえ、ノルウェーの育児休業は、北欧諸国の中では最も短かったのです」

それが、今では子どもの八七％が保育園に通っている。五％から八七％への大変化。いったい誰がどう行動したのか？

「すべての子どもに無料の保育を」は、続く。「一九七〇年代、労働市場は女性たちを必要としていました。女性たちも、有給の仕事につきたいと思っていました。しかし、女性たちが働きに出られたのは、社会福祉サービスが整っていたからだ、というのは間違いです」。

保育園がほとんどない状態でも、ノルウェーの女性たちは働くことをやめなかったというのだ。その一人、政治家であり作家でもあるヨールン・グルブランセン（一九四八―）は、随想「一人を前に、一人を後ろに乗せて！」で一九七〇年代をこう振り返る(2)。

80年代にできた世界初の国会議員用保育園（オスロ市 1994）

「若いころ、子どもができたら仕事を辞めるなどとは考えもしませんでした。誰の人生にとっても仕事をすることは非常に重要なことだ、と母親も言いました。それに毎日の生活を支えるためにも働く必要がありました」

一九七一年、彼女は二二歳で中学校の教員となった。しばらくして妊娠したが、当時の職場は、妊娠や出産を自由に言える雰囲気ではなかった。彼女は、腹部にポケットのたくさんついたダブダブの洋服を着て、ぎりぎりまでごまかした。出産直前に妊娠を告げ、休暇に入った。出産後、保育ママが見つかって、三か月後には職場に復帰できたのだが、クラス担任は別の教員に代わっていた。「あなたが職場に戻るとは思ってなかったので」と言われた。三か月の育児休業をすでにとってしまったので、もう一日も休めなかった。授乳する時間もなかった。昼休みにトイレに座って、あふれるお乳をしぼっては捨てた。

二番目の子どもが産まれた。一番目の子どもは保育園に、二番目は保育ママのところに預けて、また職場に復帰した。毎朝、バスと地下鉄を乗り継いで二人を別々の場所に送り届けた。工場勤務の夫は、朝六時半前には家を出て帰宅は夕方五時ごろ。どう頑張っても子どもの送り迎えは不可能だった。

●日本とそっくりノルウェーの三〇年前

彼女の随想を読みながら、私は自分の二〇代のころを思い出した。
最初に勤めた東京都仙川にある私立桐朋女子中・高校に、二人の子を持つ英語教師・小林祐子がいた。教科が同じで、職員室のデスクも近かった。生徒から敬愛される教師だった。彼女は毎朝、小さな二人の娘を自転車の後部に乗せて、別々の保育園に置いてから学校にやってきた。夕方、保育園から娘たちを引き取るのも彼女だった。前もって会議があるとわかっている日は、知人に保育園の迎えを頼んだ。保育園の迎え時間に子どもを引き取って知人に預けて、大急ぎで学校に戻ることもあった。それでもカバーできないとき、彼女は「すみません」と何度も頭を下げながら退席した。

女性教員同士でサポートし合う雰囲気があった。私は彼女の家を訪問し、子どもを風呂に入れたりした。彼女の夫は大手の電気会社勤務で、ノルウェーの夫たちより、長時間勤務だった。家事育児のすべてが彼女一人の肩にのしかかっていた。

保育園から「お子さんの具合が悪くなった」と電話がかかってくることが何度かあった。そのたびに顔をしかめる男性教員がいた。彼女が早退すると、「だから、女のセンセーには重要なことをまかせられないんだ」という声が上がった。そういう教員と、私は激しく言い争った。子どもを育てながらフルタイムの仕事を続けることがどれほど大変なことかを懸命に説いた。労働組合の委員をしていた私は、女性教員のサポート体制の必要性を何度か提起した。

一九七〇年代後半の日本も七〇年代前半のノルウェーも、働く女性は同じように苦労していた。しかし今日、二つの国の労働環境には天と地の違いができてしまった。現在のノルウェーでは、希望すれば、子どもはすべて保育園に入れる。日本では最初からあきらめている親の子どもも含めると、保育園待機者が約八〇万人もいる。

●全国に広がった保育園建設運動

ヨールン・グルブランセンの随想は続く。

「ある日、私は悟ったんです。働く母親にとって、保育園は〝緊急シェルター〟だ、って」「こんなみじめな毎日を送っていた私にとって、誰でもすぐ入れる保育園があったらいいな、が夢でした」。

彼女は、オスロ市役所や市議会議員たちに保育園の少なさをアピールした。デモ行進やビラまきもした。一九七〇年代に誕生した〝あらゆる女性差別に反対する女性解放運動団体〟「女性フロント」のメンバーにもなった。保育園建設運動は全国に広がっていった。

マルテ・リュステ（ジェンダー・コンサルタント）の住んでいたネーデル・エイカー市で保育園要求運動が起きたのは、やはり一九七〇年代だった[3]。オスロ南西六〇キロにある同市には、保育園建設計画はあったものの、実現の動きはなかった。「女性フロント」は調査を開始した。一七五〇人分が必

保育園に通う子ども（1965～2000年）

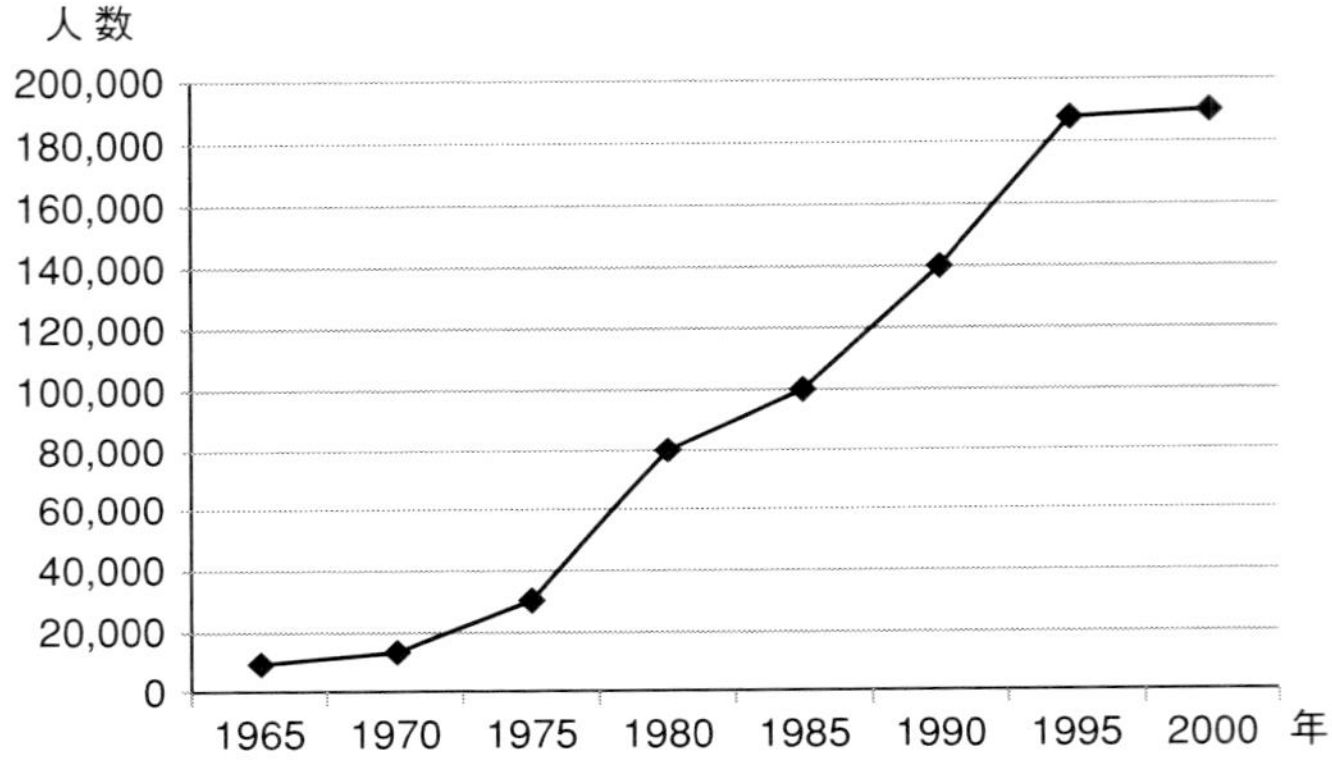

出所：ノルウェー中央統計局

要だというのに、計画中の保育園は四九人分しかないことがわかった。しかも市は、緊縮財政を理由に「計画は無期延期」と告げた。

子どもを抱えて働く女性にとって、保育園は「今すぐほしいもの」だ。女性たちの怒りは爆発した。動員の呼びかけ、チラシ配布、新聞投稿、デモ行進、公聴会、署名集め……と保育園建設運動は大きな盛り上がりを見せた。市議会は三二対六の賛成で、保育園建設を決めた。女性たちの勝利だった。保育園問題を解決するためには、女性自身が議員になるべきだとみんな思い始めた。デモをした女性たちの多くが、運動の次のステップとして、地方議会をめざした。ヨールン・グルブランセンは赤党の候補者リストのトップに登載され、オスロ市議会に立候補した（当選しなかったと思われる）。

時代は変わって二〇〇九年。私立保育園への政府補助金も増えた。社員向けに保育園をつくった会社は税金を優遇される。件のネーデル・エイカー市は、女性市長の下、人口六万の市に保育園は公私立合わせて一八か所もあって、約一〇〇〇人の子どもを預かっている。

右図は、ノルウェー全体で保育園に通う子どもがどのくらい増えたかを示すグラフである。[4] 一九六五年九〇五三人が、一九九九年一八万九三八二人となった。実に二一倍だ。保育園は、六六〇〇か所もある（二〇〇七年）。

2　鉄は熱いうちに打て

●登場人物は弁護士のママと主夫のパパ

今、ノルウェーの子どもたちに一番人気のある童話作家は、アンネ＝カット・ヴェストリなのだそうである。

ノルウェー王国大使館参事官のカーリ・ヒルトが、私のブログFem-News[5]記事「アンネ＝カット・ヴェストリ逝去」を見て、そう教えてくれた。四〇代の彼女は、幼いころからアンネ＝カット・ヴェストリの童話が大好きで、とても影響を受けたという。今は母親として、小学生の息子二人に彼女の童話を読んできかせているという。

一九二〇年生まれのアンネ＝カット・ヴェストリは、それまでの伝統的な性役割をぶち壊すような童話を数々世に出した。一九六〇年代に書いた『アウローラ』シリーズは、弁護士の母親、家で子どもの面倒を見る主夫の父親が主役という設定で、六〇年代のノルウェーでは超ぶっ飛び一家だった[6]。出版当初、当然のことながら、ある方面から毛虫やゴキブリのように毛嫌いされた。二〇〇〇年一一月八日、ダーグブラーデ紙に載った彼女のインタビューはおもしろい。「お前は社会秩序を壊した。お前が絞首刑にされるのを見たいものだ」という脅迫めいた手紙が舞い込んだり、「妻のために家にいなければならない夫がかわいそうだ」という手紙が届いたりした[7]、といったエピソードが語られている。清掃作業員のシングルマザーが一家の大黒柱として家族を支える物語もいい。『おばあちゃんと八人の子どもたち』という、オスロのアパートに住む型破り一家の物語は映画化され、大当たりをとった。ノルウェー国営放送は、二〇世紀後半から、作家と連携してラジオ番組「子どもの時間」で児童文学の朗読を流してきた。これが大好評を博したのだが、中でもアンネ＝カット・ヴェストリの作品は大うけだった。

現代のノルウェー人は、四、五歳の頭の柔軟な時期に、家庭や保育園でこうした童話を読んだり、聞かされたりして育ったのだ。

ノルウェー教育省、保育園の男女平等に着手

二一世紀のノルウェーを見ると、社会全体がもう、彼女の童話の舞台になってしまったみたいだ。二〇〇八年四月、教育省（日本の文部科学省）は、保育園と小学校を「男女平等」にするための『行動計画二〇〇八－二〇一〇[8]』を発表した。それによると、保育園はこうだ。

「性による役割分担意識は、幼いころにつくられます。調査によると、新生児のときから女の子と男の子で扱い方を変える親たちの言動によって、生まれたときすでに性による社会化が始まっていると言われています。保育園に入ると、子どもたちは、大人たちとの交わりによって、女の子であること、男の子であることは、どういうことを意味するのかを認識していきます。子どもたちは、日々、新しい役目や新しい行動を発見し、発達していきます。大人たちや周りの子どもたちの反応を感じ取り、女の子に何がふさわしいか、男の子に何がふさわしいかを認識するようになります」

そして保育園とは「性の違いにかかわらず、すべての人間がその能力と興味を開花できる機会を持つことのできる男女平等社会に貢献するもの」と、規定し、だから、「保育園を、男女平等を促進するための教育環境に変えていかなくてはなりません」と結んでいる。

子どもの料理レシピ。男の子も楽しそうな絵になるよう気を配る（農林省・外務省合作 1993）

保育園で働く五人に一人を男性に

具体策として、保育園の子どもへの接し方に関して「毎日のあらゆる活動に男女平等の視点を入れ込むこと」とある。保育士養成課程を持つ大学の改善には、「いかに男女平等の視点を教育課程に組み入れるかは、教育省当局、平等・反差別オンブッド、保育園など関係者が対話を続けて完成したガイドブック『ジェンダーの輪 Gender Loops』[9]

を参考にせよ、とある。『ジェンダーの輪』は、一一五ページで述べる。

保育園で働く人たちに関しては、「男女数をバランスよくするために、二〇一〇年までに男性を二〇％にすること」「子どもの世話、遊び、しつけなどに男女両性が参加していることを子どもたちに実感させること」と言う。そして、「子どもの性役割パターンを変えようとするならば、大人がまず自分自身の態度を変えなければならないのです」と強調する。要するに、保育園児のための男女平等計画は、保育園に働く大人の男女平等計画でもあるのだ。教育省は、保育士のジェンダー研修だけでなく、男性増に成果をあげた保育園を表彰するイベントも新設した。

保育園の保育士は、世界中そうだが、ノルウェーでも九〇％以上が女性だ。一九九九年には七％だった男性を五年間かけてやっと一％増やし、二〇〇四年は八％にした。だが、この調子では、職員の五人に一人を男性にするのは、まず難しい。

しかし、ノルウェー全土を見渡せば、すでに二〇％に達している保育園もある。公・私立の優等生というべき保育園の戦略が、『行動計画二〇〇八―二〇一〇』に紹介されている。優等生アスケル市立保育園と、全国私立保育園連合の実践は、次のようなものだ。

左派社会党初代党首ベリット・オースが住んでいるアスケル市が、モデルに選ばれたのはおもしろい。一九七一年に、あの「男を消せ！」戦略によって女性議員数が男性議員を上回った市だ。

アスケル市は、行政主導の啓発作戦が効を奏した。一九九七年以来、新グループ「保育園の男性ＭＩＢ」と協力して積極的に男性をリクルートした。ＭＩＢは、保育園に男性保育士を増やして男女平等の職場にしようという政策を全国津々浦々に広めていくコーディネイター組織だ。名称からすると男性の組織のようだが、スタッフには女性が多い。経費は、政府から県に支給される特別予算が使われる。

市当局は、男性職員増の目標を市の総合計画に組み込んだ。毎年、計画が実行されているかを調査・評価していった。一方、ＭＩＢは、男性職員が少ない市内の公立保育園に、「パトロール隊」なるものを編成して出前に出かけた。

パトロール隊は、出前塾といったようなものだ。保育園に直接出向き、職員に対して、「外の世界は男女半々です。ですから保育園もそうあるべきです」「子どもの送り迎えも女親で保育園も女の先生だけでは、幼い子に性役割を押しつけることになってしまいますよ」「子どもたちには男性の活躍を見せることが必要です」などと男性職員増の意義を話し、具体的な募集方法を提案するのだという。

こうして当初、市内の公立保育園の男性職員は一六人しかいなかったが、二〇〇七年の時点で一〇〇人にもなった。

私立保育園の男性職員増強計画には、全国私立保育園連合が大活躍した。こちらは、全保育園の男性職員を、

オスロ大学内保育園は男性保育士。左の奥のほうに立っている（オスロ市 2009）

二〇〇四年の九％から二〇〇七年の二〇％に増やすことに成功した。二〇〇四年の時点で男性を三〇％にするという目標を立てた。当時の新聞を見ると、ある男性管理者は、目標を立てたものの、こう不安を漏らしている。

「ノルウェー全体を見れば男性職員はわずか八％です。個々の保育園がいくら頑張っても限界があります。政府はクオータ制導入を決めてほしいですね」

これに対して、当時の子ども・家族大臣ライラ・ドーヴォイは、「保育園のクオータなど政府は考えてはおりません。とにかく三〇％という目標を立てたこと自体、すばらしい[10]」と答えている。

私立保育園連合傘下の別の保育園管理者で幼児教育専門家のピア・フリースは、男性を増やすことがなぜ難しいかを、こう語っている。彼女は二〇年以上の保育園教育のキャリアを持つ。彼女の指摘する保育園の問題点は、日本の現状を知る私には耳が痛い[11]。

「保育園の男性増は、関係者の意識大改革がなければなしえません。保育園の歴史を見ればわかりますが、保育園の設立では主婦が頑張りました。以来、この世界は〝主婦的文化〟が支配しています。男性は入り込みにくいのです」

でも、三年後の二〇〇七年には二〇％を達成した。ピア・フリースは、成功へと導いた要因を三つあげる[12]。

①保育園の管理者に対して、男性職員が増えることのプラスを話し奨励した。

②女性の職場に男性一人ではプラス効果が出ないことを話して複数採用を心がけるよう促した。

③保育園は「楽しくて素敵な職場」といったイメージから脱却して「挑戦的で労働が報われる

職場」というイメージになるよう募集採用要項を変えた。

私立保育園連合の職員募集要項をインターネットで見たら、男性職員の働いている画像とともに、「男性求む」の宣伝文がしっかり書かれていた。

〝お母さん海賊〟強い！

前述した『ジェンダーの輪』[13]は、ノルウェーの保育園を〝男女平等に敏感な場〟にするための実践ガイドブックだ。EUの補助金を受けて数か国の共同プロジェクトで開発された。インターネットで誰でも入手できる。傑作は第五章の「ぶっ壊すお話」だ。「ぶっ壊す……」とは、これまでの伝統的な性役割を壊す物語を指す。栄えある一冊は、童話『海賊の女の子』（コーネリア・フンケ作）だ。

「キャプテン火のヒゲは、誰よりも荒々しい海賊だ。彼の船が海に現れると、船乗りたちはみなブルブル震え上がる。しかし、キャプテン火のヒゲには苦手な船が一艘だけある。その船にはモリーという女の子が乗っていて[14]……」

話は、キャプテン火のヒゲよりもっと強い海賊がいて、それがモリーのお母さん海賊という設定だ。その強いこと！　海賊というと男を思い浮かべるお決まりパターンを見事に打ち砕く。

『ジェンダーの輪』プロジェクトの責任者イェンス・クラベルは、鉄は熱いうちに打たなければならないことの重要性を強調する。[15]「この社会においては、どちらの性に属しているかを、三歳で自覚します」。だから、「保育園の教育者は、子どもが見せる固定的なジェンダーにとらわれた言動を、批判的に見なければなりません」。

男の子も台所セットでおままごと（オスロ市2008）

彼がこのプロジェクト遂行過程で観察した二組の子どもたちの言動が、またおもしろい。

「保育園に通っている四歳の男の子の彼は、私たち（大人）に秘密を漏らしたいと言ってきた。でも自分が話したことを保育園の子には絶対に言わないでほしい、と言う。なぜなら、みんなに笑われると言うのだ。そう言ったうえで、彼は、『僕は家で、女の子のドレスを着ている。そのドレスを着るのがとても楽しいんだ』と話した。でも、彼はそのことを保育園で一度も話したことがない」

「保育園に通っている二人の女の子。木の板に、釘を金づちで打ちつけて遊んでいた。二人とも最高に興奮していた。時々笑ったりして、釘打ちする時間を実に楽しそうに過ごしていた。私（大人）が、そばに行って何をしているかを見ようとしたら、二人とも私に『釘打ちなんか今まで一度だってしたこと、ないよ。そんなこと、おもしろくないもん』と言った。そして金づちを片づけ、別の遊びをし始めた。二人とも、『金づちで遊ぶような女の子は変な子だと、私（大人）が思うはず』だと、はっきり認識していた」

3　首相もとったパパ・クオータ

●ママは財務省のお役人

この三〇年間で、ノルウェーの育児政策はすごい進歩を遂げた。保育園の待機リストがほぼゼロになったことは、すでに書いた。出産をめぐっての支援政策も、目を見張るものがある。そのせいで出生率はうなぎ登り。最新統計では、一・九八だ。女性が男性と同等に働くようになると子どもを産まなくなるのではないか、といった日本的な心配など神話にすぎないことが、ノルウェーを見るとよくわかる。

知人の若き財務官僚、イングヴィル・メルヴェール・ハンセンは、二〇〇九年夏、オスロの病院で、二人目の子どもを出産した。産院から退院して間もない彼女を、オスロ市内の自宅に見舞いがてら、ノルウェーの出産・育児事情を聞いた。

イングヴィルの夫アンナシュは民間会社勤務で、フレックスタイムで仕事をしていた。会社に申請すれば、仕事を短縮することも、出勤を遅くすることも、早退することもできるのだという。今、彼は、出勤時間をやや遅らせて、長男を保育園に預けてから出社している。

では、妻イングヴィルは、妊娠・出産に関してどんなサービスを受けたのか。

●妊娠・出産費用はことごとく無料

「妊娠したとわかったら、すべての医療・保健的サービスを無料で受けられるようになります。出産前の定期検診は一か月に一度。尿検査、血圧、赤ん坊の心拍数、胎内での赤ん坊の姿勢、私の体重などをチェックします。医師と助産婦の両方に受診、医師にだけ受診、助産婦にだけ受診、の三通りの中から選択できます」

出産には、両親休暇という制度がある。賃金一〇〇％を保障されて四六週間か、八〇％をもらって五六週間か、どちらかを選ぶことになる。この休暇は夫か妻のどちらか一方がとる。母親は、出産前に一二週間まで休むことができるし、母親になった後も六週間はかならず休まなくてはならない。その後は、母親と父親で両親休暇をどう分け合うかは自由だ。つまり、父母のどちらかは出産前と同じ水準の給料をもらいながら、一年近く子育てに専念できるのである。

でも、親休暇をとるためには、最低六か月間は仕事をしていることが条件になる。また、その間の補助費の上限は三七万七三五二クローネ（約五八〇万円）と決まっている。専業主婦や学生の場合は両親休暇をもらえないのだが、そういう女性が母親となった場合は、三万五〇〇〇クローネ（約五三万円）が出産一時金として支給される。子どもを保育園に預けずに家庭で育てる親もいる。この場合は月約三〇〇〇クローネ（約四万六七〇〇円）の現金が出る。保育園に通う子どもは、保育園そのものに公的補助が出ているので、支給対象外となる。

ノルウェーでは、二〇〇九年から同性同士の結婚も法律で認められるようになったため、子どもは母親と、父親または co-mother を持つことができるようになった。母親が同性婚をしている場合、これまでの父親に与えられる権利は、すべて co-mother にも与えられる。[16] また男性同士が親の場合も、同様だ。

パパ・クオータ

ノルウェーには父親にだけ与えられる休暇もある。いわゆるパパ・クオータである。世界で初めて、ノルウェーが考え出した。[17] これは、パパがとらない限り、無効になってしまう。出産後六週間の休暇は母親のイングヴィルにのみ与えられるのだが、夫アンナシュは、六週間後からパパ・クオータをとることになる。子どもの母親が働いてさえいれば、母親の夫やサンボー（同棲相手）は誰でもとれる。

育休中の財務官僚イングヴィルと赤ちゃん（オスロ市 2009）

パパ・クオータは二〇〇九年七月までは六週間だったが、以後は一〇週間になった。一〇週間は、父親が家にいて育児に励む。父親が病気や怪我で赤ちゃんの世話ができないときのみ、例外的に、母親がパパ・クオータをとれるようにもなっている。

「家事育児をする男親を増やすには、確かにパパ・クオータが有効です。これこそ、ノルウェーの誇るべき男女平等政策ですね」とイングヴィルは言う。

イングヴィルの働く財務省のトップはクリスティン・ハルヴォシェン財務大臣だ。私は、かつてクリスティン・ハルヴォシェンの夫シャーロにインタビューしたことがあった[18]。妻は、育児休業中に国会議員に当選し、夫が会社を退職して「主夫」になった。彼は、母親の手伝いを逃げ回っていた普通のヤンチャ坊主として育ったので、子育てにも家事にも関心がなかった、と白状した。その彼がフルタイムの父親業をやり抜いた。「ショックでした。これは大変な仕事だ、とても大事な仕事だ、って初めてわかりました」と私に言った。

パパ・クオータは、家事育児をする男親を増やすだけでなく、低く見られがちな家事育児の価値を高めることにも貢献しているのである。

●子ども手当

今、日本で話題沸騰の「子ども手当[19]」も、ノルウェーが本家だ。一八歳までの子どもを持つすべての家庭に支給される基本的な保障で、子ども手当法で定められている。一人の子どもにつき平均月九七〇クローネ（約一万五〇〇〇円）。親の収入には無関係で、つまりすべての家庭に同額が出る。出産と同時に家族に自動的に支払われる。申請は不要。しかも、不便な地域の住人は、増額もある。

ひとり親の場合、子ども手当は、実際の子どもの数にもう一人分を足した額が支給される。ひとり親は、社会保険法一五条で特別に守られている。たとえば三歳までの子どもがいると、親は、自分の病気休暇とは別に子どもが病気になったときも一〇日間の休暇がとれるのだが、これが母子家庭・父子家庭だと、その二倍、二〇日間になる。ほかにも就職のための引越し手当や、教育手当などいろいろな特典があって、ひとり親でも子育てと仕事が無理なくできるようになっているのである。

言うまでもないが、ノルウェーのひとり親はシンプルにひとり親だ。日本のように、ひとり親を三種類（配偶者が死亡した人、離婚した人、非婚の人）に分けて、非婚の親が差別されるような制度をとり続ける国とはまったく違う。

イングヴィルは、「今の首相のストルテンベルグ自身は、育児休業をとって〝主夫〟をしたことがあります。それにノルウェー内閣閣僚の半分は女性だから、もともと理解があるし……」と、出産育児政策の充実は当然、と言いたげだ。

PAPPA MED PERM: Jens var medlem i mannsrolle-utvalget, en av de få som tok pappaperm, og alle damers drøm. Han var hjemme med sønnen Axel i 1989.
育休中の80年代のストルテンベルグ国会議員。現首相（*VG HELG*，2009.3.14）

私も、ストルテンベルグ首相の毎日をルポしたドキュメンタリー映画「豊かな国」（二〇〇六年公開）を見た。彼は、地方の遊説先で、行商の鯨肉売りから鯨肉を買った。夕方、オスロの自宅に戻るとすぐ台所に立って、鼻歌を歌いながら夕食をつくった。それを見ていた彼の父親（元外務大臣）が「僕の若いころは妻を手伝う程度でした。この息子（首相）は手伝うなどというレヴェルではない。料理がとても上手なんですよ」と褒めた。

微笑ましい風景だった。

私が日本へ帰った後、イングヴィルからメールが届いた。赤ん坊を連れて職場の財務省を二度、訪問した。彼女の直属の上司は、赤ん坊を抱き上げただけでなく、おむつまで換えてくれたという。その上司は女性ではなくて、四〇代の男性であった。

日本の現状を知る私には、ため息が出るような話だ。

4 離婚と子どもの救済

●家族カウンセリング・オフィス

ノルウェーでも家族関係にひびが入ることは多い。そんなとき、誰もが近くの「家族カウンセリング・オフィス」に駆け込める。ここは離婚・別居問題に限らず家族にまつわるあらゆる相談に応じる。オフィスは「家族カウンセリング・オフィス法」に定められた公的機関で、全国に六四か所ある。相談員は有資格の心理学者やセラピストだ。

夫婦は、離婚（別居）の決意を固めたら、一六歳以下の子どもがいる場合には、別れた後の子どもの世話をどう分担するかを話し合うための「仲裁セッション」に参加しなくてはならない。これは

「婚姻法」「子ども法」で厳格に義務づけられている。

どちらの家に住むか、どちらがどのくらいの頻度で子どもを訪問するか、誕生日や特別な日はどちらの親と過ごすか、親戚（とくに祖父母）とはどんなふうに会うか、養育費をどう分担するか。さらには、一方が外国に住む場合や海外旅行はどうするか……きめ細かく合意をしなくてはならない。仲裁セッションがすめば修了書が渡され、それを離婚申請書に添付して、初めて離婚手続きがスタートする。それなしには離婚ができない。

離婚申請書をインターネットからダウンロードしてみた。氏名を書く欄がおもしろい。日本なら、男性（夫）が先で、女性（妻）が後に来るが、性による格差が禁止されているノルウェーの離婚申請書は、「年上の配偶者」が先で、「年下の配偶者」が次となっている。

●平等・反差別オンブッド、子どもオンブッド

かつてノルウェーでも、子どもが乳幼児の場合、現在の日本と同じく、母親との同居がほとんどだった。一九七〇年代以降、女性の意識が変わると同時に男性の意識も変化した。乳幼児がいる母親の九割が外で働き、平均賃金は男一〇〇に対し女八五まで上がった。この一五の格差でさえ問題となり、選挙の一争点になった。一方、父親の育児休業制度である「パパ・クオータ」をとる男親が九割になった。そもそも、会社員男性でも、四時か五時には帰宅して、ショッピングをしたり台所に立ったりは普通だから、日本に比べて家庭重視の男性が多い。そのせいか、最近は子どもが小さい時期に離婚しても、同居する権利を主張する父親が増えている。

ノルウェーには「男女平等法」があって、差別を監視する独立機関「平等・反差別オンブッド」がいる（五二ページ）。強い権限を持つ公的機関だが、誰でもいつでも無料で相談できる。賃金差別やセクハラ被害など女性からの訴えが多いが、オンブッドの話だと、最近は「別れた妻が可愛い子どもをとってしまった。なぜ僕が親になれないのか」といった男親からの苦情が寄せられている。

「子ども法」や「子ども福祉法」も重要だ。

「子ども法」の最大の特徴は、子どもに対する両親の平等責任がうたわれたことだ。さらに離婚・別居に関しては、「両親が別居していても、子どもは両方の親に会う権利がある」とされている。七歳になると、離婚後の相談をする「仲裁セッション」の場で、どちらの親と住みたいかなどの意見を言うこともできる。「子ども福祉法[20]」は、家庭におけるあらゆる形態の暴力・虐待・ネグレクトから子どもを守ることが目的だ。親は子どもに十分な栄養を与えているか、適切な世話をしているか、などを常日ごろから丁寧にモニターする。

子どもが虐待されているのではないかと疑われた場合、発見した人は「子ども福祉サービス」に知らせる。サービス担当者は、報告を吟味し、調査を開始する。親であっても、調査を拒むことはできない。必要な場合、たとえ親が反対しても家庭に介入して親から子どもを引き離す。家庭訪問程度の権限しかないと言われている日本の児童相談所とは大違いだ。こうした子どもたちを受け入れ、保育園や学校に通わせるなど親代わりをするのは、「子どもケアセンター」だ。

子どもに関するさまざまな法律が守られているかどうかを、子どもの立場に立って監視する「子どもオンブッド」の存在も忘れてはならない。子どもオンブッドは、国王から任命される強い権限を持った独立機関だ。子どもたちから、ありとあらゆる相談が寄せられる。「親が離婚した子どもからの『親は別れても友だちでいてほしい』『私の歩いていける距離にパパが住んでほしい』といった相談には心が痛みます」と、以前取材したオンブッドは私に言った。ひんぱんにメディアに登場して、子どもの権利を子どもたちにわかりやすく伝えている（二一九ページ）。

「ママとパパはあなたに話しましたか？」

「ママとパパは別れることをあなたに話しましたか？　ママとパパがもういっしょには住みたくないと決めたとき、どうしたらいいでしょうか」

これは、子どもに呼びかけるパンフ『言ってもいいの？』（子ども・家族省発行）の前書だ。インターネットでパンフはすぐ手に入る。イラスト満載で、わかりやすい。

離婚する親を持つ子どものための冊子（子ども・家族省発行）

いわゆるノルウェー人カップルの場合、離婚を子どもに正直に話す親がほとんどだ。一方、ノルウェーに急増する移民家族には、文化的背景やメンツなどから子どもに伝えることを先延ばししたり、伝えなかったりするケースも多い。ところが子どもは、親の様子を敏感に察知する。子ども同士の情報網も多い（保育園に通う子が九割近い）。それがかえって事態の悪化を招く。「別れたのは、私のせいだろうか」と自分を責める子も出る。真実を子どもに伝えなければ離婚交渉を前に進めることはできないから、政府は情報啓発を多言語で発信する。

〝新しい大家族〟

ある家族の例を見よう。

ノルウェーの友人オーレ・グスタヴ・ナルッドは、娘が小学校低学年のときに離婚。娘を引き取ってシングルファーザーとなった。彼は、娘マリアのベッドの横で毎晩絵本を読んであげたり、娘の誕生日パーティを開いたり、娘のサッカーの試合につきそったり……。そのうえ子どもを引き取った親の義務として、娘を母親側の祖父母の家に定期的に連れて行った。彼は、国立大学経済学部准教授、市議会議員に従事しながら、日々、こうした「家事育児」をやってのけた。

九〇年代末、私もいっしょに母親側の祖父母のお宅にお邪魔したことがある。娘には祖父母でも、娘の父オーレ（私の友人）にとっては別れた妻の親であり、日本なら定期的に談笑などありえないだろうと思いながら、いっしょにお茶をいただいた。娘はクリスマスは父側で過ごし、夏休みやイースターは、母親と過ごすように決めていた。後にオーレと同居した現パートナーのマグニ・メルヴェールも離婚経験者だ。一〇代の子ども二人を抱えて離婚し、離婚後の保護者は母親マグニ側だった。

私とパートナーは、数年前、そのマグニの娘の結婚披露宴に招待された。写真を見ていただきたいが、右方の花婿側家族は父母と姉の三人に対し、左方の花嫁側の家族は実父や実母の新しいパートナーや、その子どもを含めた八人である。結婚式の前日から、実父と、義理の父（オーレ）がいっしょに椅子運びをしたり、実父の現妻との間の子どもが、オーレの娘マリアと作業をしたりと、なご

結婚式の写真。左から花嫁の母の夫の連れ子、花嫁の母の現夫、花嫁の母、花嫁の父の現妻、花嫁の兄、花嫁の父、花嫁の父と現妻との子２人、花嫁、花婿、花婿の母、花婿の姉、花婿の父（オーモット市 2005）

やかな準備が続いた。この〝新しい大家族〟の光景に、子どもたちが離婚した両方の親側といい関係を築いてきた道程を見るようだった。

ノルウェーの家族制度の基本は、どちらの性に生まれようと、親が結婚していようといまいと、ひとり親であろうと、同性婚だろうと、いかなる人間も個人として尊重され、平等に扱われなくてはならないということだ。その方針が、「婚姻法」「子ども法」「子ども福祉法」「男女平等法」「家族カウンセリング法」などに反映されている。さらに、こうした法律がきちんと守られているかどうかを、「子どもオンブッド」や「平等・反差別オンブッド」などが日夜監視する。

ハーグ条約

日本人女性が海外で結婚・出産し、破局を迎え、離婚後、子どもについて合意できない場合、日本人の母親は子どもを日本に連れ去り、以後、父親はわが子に会うことができない――このようなケースが、今、国際摩擦の火種となっている。

こうした国の人たちの声を受けて、「ハーグ条約」を日本政府が批准するよう求めてきた国が少なくない。条約では、国際離婚時に子どもを連れ出したり面会を拒否したりするのは子どもの奪取にあたる、とされているからだ。

条約の批准国は八一か国にのぼり、未批准国はG7では日本だけだ。しかし日本には批准できない事情がある。「ぼく稼ぐ人、わたし家事する人」といった性別役割分業の因習が根強く、男女が、平等に仕事に従事し、平等に家事育児に関わるための政策が整っていない。それが日本の裁判所の判断にも影響を及ぼし、離婚後の子どもの親権を母親だけに認める決定を出す傾向にある。

子どもが会いたいのに父親に会えないのは、子どもの幸福を求める権利に背くことであり、日本も批准している「子どもの権利条約」違反は明らかだ。ノルウェーの政策を学ぶべき時だ。

5　女性最多市議会を探訪

●地方議会の女性議員三七・五%に

二〇〇七年九月一〇日のノルウェー統一地方議会選挙で、全市議会議員に占める女性の割合は、過去最高の三七・五％となった。選挙はノルウェーの一九県四三一市（当時、現在四三〇）で行われたが、その三分の一以上の市で女性議員が四〇％を超えた。女性の当選者が最も多かった市は、オップラン県エトネダール市とフィンマルク県ロッパ市で六〇％、一五議席中九議席を女性が占めた。女性議員が六〇％を超えた市はこの二市だが、五〇％以上なら二六市、四〇％以上となると一五三市にもなった[21]。

日本の地方議会の約四分の一には女性議員が一人もいない。この差は、なんだ！

しかしノルウェーの女性たちに言わせると、「三七・五％では全く不十分。もっと増やさなくては」となる。ノルウェー男女平等法二一条には「あらゆる公的な決定の場は、その構成員において一方の性が四〇％を下回ってはならない」とあるのに、クオータ制を満たしているところは、わずか三分の一しかない。平等・反差別オンブッドのベアテ・ガンガースは、アフテンポステン紙で強い不満を述べた。

「この調子では、地方議会の男女平等の達成は、この先二〇年はかかるでしょう。男女平等の未達成は、民主主義にとって大問題です」

そして彼女は、女性議員の少ない市を名指しで批判した。

「シルダール市がワースト１です。一〇・五％しか女性議員がいません。この市は前回、女性議員が一九議席中六議席でした。今回は四議席も減らしてしまい、たったの二議席です。ワースト２はスーラ市。二九議席中女性は七議席だったのが、四議席です。一三・八％にすぎません」

選挙の後にはかならず、公的機関がジェンダーに関する統計を発表する。ノルウェー政府は、自治体の女性議員率だけでなく、最近では、女性の就業率、保育園数、男女の賃金格差、教育格差などを調査し、「自治体男女平等指標」を作成し、全自治体の男女平等度を公表している。[22] メディアもジェンダーに敏感である。だからこそ、先のようなコメントが出るのだ。わが日本は、その逆だ。

私は、一九九二年に全国フェミニスト議員連盟[23]というNGOを東京で創設し、女性議員を増やす市民運動を始めた。友人の中嶋里美（所沢市議）と小枝すみ子（千代田区議）に声をかけて、議会の三〇％を女性にしようという目標を立てた。まず全地方議会の正確な性別議員数を知りたかった。しかし日本では国会議員以外は、性別による数字の統計がなかった。女性議員が自治体にどのくらいいるかを知るには、個々の議会に直接電話して調べるしかなかった。

選挙後忘れたころに、日本の市町村議会の女性議員は平均三・五％という数字が新聞に載った。もし市町村それぞれの議会議員の男女別統計があったら、女性議員の欄はゼロ、ゼロ、ゼロ……と並んでいたはずだ。

●一九九一年の女性最多市議会

一九九五年夏、オスロの国際プレスセンターで原稿を書いていた私は、横の本棚に『全国地方自治体年鑑』という分厚い本があるのに気がついた。自治体の人口、面積、産業などとともに、男性議員数と女性議員数がはっきりと書かれていた。日本の実情を知る私は、新鮮な思いで女性議員の数を追った。予想通り、女性議員がゼロの議会は一つもなかった。

私は、四〇〇以上ある自治体名と議員数をすべてタイプして、女性議員のパーセントをはじき出した。女性議員最多自治体はフェレスダールという市だった。五七％が女性議員だった。なぜ女性議員が増えたのか、女性議員が増えたことで政策に変化があったのか、が知りたくて、翌日、私はフェレスダール市に向かった。後で読んだスウェーデンの新聞記事には「ここが世界一女性議員の多いコミューネ」とあった。

フェレスダール市は、テレマルク県最西にある森と湖に囲まれた土地だ。

1991 年女性議員最多市議会賞を受賞したフェレスダール市。市議会の壁を飾っていた受賞記念タペストリーをはずしてポーズをとる女性議員たち（フェレスダール市議会 1995）

市議会が開かれるという質素な部屋で、女性市長と四人の女性議員が、一九九一年秋の歴史的な選挙について話してくれた。

この市を世界一女性の多い議会にしたのは、やはりクオータ制だった。多くの政党が男女交互の選挙候補者リストにした。たとえば、労働党は市長のカーリ・ヒッレ（女性）が一番目で、二番目が男性、三番目はハウグランド（女性）、四番目は……という具合だ。しかし、開けてみたら、労働党の当選者は男女半々どころか九人中六人が女性だった。労働党だけではない。クオータ制をとらない中央党は、候補者リストの六番目まで全員男性候補で、やっと七番目に女性候補が載っていたにもかかわらず、当選者五人の中に女性がいたのである。

こんな現象を起こすことができたのは、「候補者リスト変更権」だった（『男を消せ！』参照）。

ノルウェーの選挙の有権者は、政党の決めた候補者リストの順番を変えたり、気に入らない候補者名を削除したりできる権利を持っている。一九七一年以降、この変更権はいったん全廃されたのだが、紆余曲折を経て復活し、「議員定数の四分の一までは変更できる」に落ち着いた。有権者はそれを利用して、女性候補者を上位に上げる戦術に出た。こうして労働党では議員の七割が女性となった。中央党の女性候補ハウグランドは、名簿の七番目から三番目に格上げされて、晴れて議員となった。

フェレスダール市議会では「理事会」にも異変が起きた。自治体の理事会は中央政府の内閣にあたる。「行政執行委員会」と訳されることもある。議会から選ばれる全政党の代表者と市長（市議会議長でもある）で構成されている。一定額以下の予算案はここで決められる。そんな重要な行政幹部組織が「女性四人、男性一人」の構成となったのである。

訪問した当時、ノルウェー中で話題となっていた「お母さんのための素敵な時間手当」は、ここで決まったのだ。ある日、理事会が女性メンバーだけになった。議員や委員がやむをえない理由で出席できない場合は、代理議員（委員）がその職務を担うという法律がこの国にはあるのだが、理事会の男性メンバーが欠席したその日、偶然にも代理議員は女性だった。

●お母さんのための素敵な時間手当

理事会が終わりに近づいたころ、五人の理事の一人がこう言った。

「見て、女だけよ！　きっと初めてよ。歴史に残るようなことを決めたいわね」

しかし、限られた予算内でユニークな施策をひねり出すのは簡単ではなかった。夜になってしまった。ようやく、出産直後の女性のために髪のセットと脚のアロマテラピー（マッサージ）の費用を出してあげたらどうかというアイデアが出た。出産経験者であるメンバー一同は、党派に関係なく全員がこの案を支持した。

市長は言う。

「多くの女性にとって、出産はとても体力を消耗する大事業です。出産で疲れた体のお母さんに素敵な時間をあげるのはとてもいいことです。そのうえ、市の美容院やアロマテラピーの商売をしている人たち（ほとんど女性）をバックアップすることにもなります。母親が美容院でゆったり過ごしている間、新生児の面倒を見てくれる助産師さんの収入もあがります」

お母さんのための素敵な時間手当をもらって喜ぶ母親（左）（フェレスダール市 1995）

夏祭り当日、生まれたばかりの赤ちゃんを抱いてきた女性がいた。日本から取材に来たと話すと、うれしそうに言った。

「今日、市役所から『お母さんのための素敵な時間手当』をもらったのです。とても信じられません。美容院とアロマテラピー、助産師さんを頼める費用だなんて」

その横で、夏祭りの歌を聞いていた八〇歳を超えているという女性は言った。

「うちの議会は、女性がちょっと多いんじゃないの。議会は男女半々がいいと思いますよ。でも、この素敵なナントカとかいうのは、大賛成ですけれど」

一九九五年の女性最多市議会

一九九六年春、フェレスダール市を再調査しようと市長に手紙を書いたところ、私が訪問した後の地方選挙で女性議員を減らしてしまったという返事がきた。そこでノルウェー一女性議員の多い自治体を再び探した。それがヘードマルク県オーモット市だった。私はオーモット市をめざした。オスロの北一八〇キロ。オスロ中央駅から急行で三時間の旅だった。夜一一時ごろ、オーモット市の駅レーナに到着した。降りたのは私一人だった。小さな駅舎も真っ暗だった。

駅前の小さなホテルに投宿して、市役所や市議会に通い、取材した。

オーモット市は、全議員二三人中女性が一三人で五三・五%だった。何よりも驚いたのは、二人市長制だったことだ。女性市長があまり珍しくないノルウェーでも、政党の違う二人の女性が一つの市長ポストを分け合って務めているとなると話は別だ。

市の広報パンフレットの表紙には、ノルウェーの民族衣装（ブーナッド）を着た二人の女性がほほ笑んでいた。聞けば、一九九二年から市長ポストを分け合い、協力し合ってきたのだという。私が訪問した一九九六年五月も、二人は八畳ほどの市長室の二つの机の前で、仕事をしていた。

二人市長のきっかけは一九九一年の地方選挙だった。中央党と左派社会党は、候補者リストのトップに女性候補を載せ、自分の党が与党となったら女性を市長にすると公約して選挙に臨んだ。

●シングルマザー市長の両立支援

一九九一年の市議会議員選挙で、中央党と左派社会党はほぼ同数の得票率だったため、当選議員数が同数になった。両党は連立を組み、四年任期の市長職の前半を左派社会党のヴィヴィ・N・オステーロス（四五歳）、後半を中央党のオーセ・G・オストモー（五一歳）が担当することに決まった。ところが、ヴィヴィ市長は、一年後離婚にみまわれ、育ち盛りの子ども三人を抱えたひとり親となった。市長は家庭と公務を両立させようと歯をくいしばって働いた。同じように家庭を持つオーセには、ヴィヴィ市長の苦境がよく理解できた。

ヴィヴィとオーセ（右）は２人で市長職をワーク・シェアリング（オーモット市市長室 1996）

見るに見かねたオーセはある日、週五日のうち一日だけ市長職を交替しようと提案した。それに応えてヴィヴィ市長は、報酬の二割がオーセに支払われるように市規則の改正案を提案した。市議会はこれを承認した。女性議員が五六％を占めるオーモット市議会なればこその決定だった。

こんな縁で、一九九六年以来、オーモット市には何回か足を運んだ。市内にある国立ヘードマルク大学が快適な研究環境を提供してくれたおかげで、私は調査研究をすることもできた。オーモット市の社会福祉サービスは、拙著『男を消せ！』を参照していただきたいのだが、一つだけ紹介しよう(24)。

私はオーモット市議会議員にあるアンケートをした。「女性が政治に増えることで自治体の政策に違いが出てきますか」と言う私の質問に、二三人中一六人、六九・六％が「はい」と答えた。「はい」と回答した一六人に「違い」の中身を聞いたら、政策がケア（人の世話）中心に変わっていくという答えが一番多かった。

●一九九九年の女性最多議会

一九九九年の統一地方選では、女性議員が六一％を超える市が誕生した。私が把握した限り、ノルウェー史上の最高率だった。北欧諸国全体を見ても、これ以上の自治体はなかったから、おそらくは女性議員率世界一。その自治体グランビン市はフィヨルドで有名な西海岸ホーダラン県にあった。オスロから西に電車とバスを乗り継ぐこと約六時間。渓谷に囲まれた小さな町だった。車で三〇分もドライブするとフィヨルド観光の入口の町ヴォスだ。

人口一一〇〇人のこの市の議会は女性八人、男性五人で構成されていた。代表で構成される理事会も女性三人、男性二人だ。

宿泊予定のホテルのレストランで、スールヴァイ・ヴァールベルグ副市長（女性）に会うことになった。市長、副市長のほか六人の議員がホテルまで来てくれた。市長は、女性議員全国一となった理由をこう説明した。

「私たちの町に最も必要なものは保育園や高齢者サービスです。女性がそういう分野で働いて実力を発揮しています。問題意識も高く、その多くが政党に属して日ごろから熱心に活動してきたからでしょう」

北欧の地方議員はほとんど全員が本来の職業を持っていて、議員職はボランティアだ。議員の収入は、前述のオーモット市の場合、どんなに市議会が長引こうと会議一回につき三四〇クローネ（約五〇〇〇円）の手当しか出ない。日本の地方議員が受け取る毎月の歳費とか調査費は存在しない。だいたいどこの市も似たようなものである。日本も、こんな条件だったら、男性議員もただちに女性に譲るのではないか。

女性議員61%のグランビン市議会議院。後列左がヴァールベルグ副市長でその隣が市長（グランビン市 1999）

女性議員六一%達成に一役買ったのは、これまで何度も繰り返した、候補者リストをつくるときのクオータ制だ。グランビン市の政党も、リストに男女を交互に並べる。さらにグランビン市のように女性が男性を上回るには、もう一つの仕掛け——これまた繰り返しになるが候補者リスト変更権が奏功した。グランビン市議会は、五つの政党から議員が出ているのだが、投票結果を見ると、そのうち四つの政党で、女性は投票前の順位より上位に上がっていた。

女性の起業を支援する条例

グランビン市はもともと女性議員が多くて、それが市の政策にも反映されてきた。高齢者サービスは福祉国ノルウェーでも

市の女性起業支援事業のおかげで買い入れた機械を使うアンネリー・エンゲラン（グランビン市 1999）

トップクラスだった。また、女性が企業を起こす場合は経費の七五%に公費が出るという条例を持っていた。男性の起業家だと五〇%だ。このユニークな条例のおかげで起業家になれたという女性を探した。

二〇万クローネ（約二八〇万円）の補助を受けて木彫工芸工場を開いたアンネリー・エンゲラン（三五歳）は、それまで自宅の片隅で工芸品をつくっていた。市の補助金が出たおかげで、大きな木工機械を購入できて、それを置く工場も手に入った。

「それまでは自宅が工房だったので、宝石箱とか、ナイフとか、小さなものしかつくることができませんでした。今なら、テーブルでも、食器棚でも、どんな大きなものでも何でもこいっていう感じです」

私が訪問した少し前、駐ノルウェー日本大使から直接、注文の電話があったという。

「女性の企業主はまだまだ少ないのです。男女がほぼ同列に並ぶまでは、女性に有利にしてもいいと思っています。それに、これを決めるのは私たち女性ですからね」

スールヴァイ・ヴァールベルグ副市長は、そう言ってほほ笑んだ。

第 4 章

自信をつけたノラたち

「取締役クオータ制」施行後、役員になるための養成講座が大繁盛。模擬取締役会で発言する受講生。全員女性（ノルウェー・ビジネス大学 2008）

1 女性初！ 南極点無支援単独踏破①

一二〇〇キロの一人旅

一九九四年暮れ、一人のノルウェー女性が、南極点に立った。全行程一二〇〇キロを犬の力も借りず、まったくの無支援・単独で歩ききった。

一九一一年、ノルウェーの探検家アムンセンが南極点到達を成し遂げて以来、数々の探検家が南極点にその足跡を残してきた。しかし、犬ぞりを使わずにたった一人で南極点にたどりついたのは、一九九二年のアーリン・カッゲというノルウェーの男性が初めてだった。そして、二番目が彼女だ。つまり彼女は、女性としては世界で初めて単独・無支援で南極点に到達したのである。

リヴ・アーネセン。四一歳。

春の雪がまだ残るノルウェーのスキー場で、リヴ・アーネセンに会った。彼女の挑戦物語は、多くの少女や女性たちにありがちな自信のなさをぶっ飛ばすインパクトがあった。

「男の牙城」を崩す女性

彼女に会うきっかけは、在日ノルウェー王国大使館の突然の電話がつくってくれた。一九九五年初

探検家リヴ・アーネセン（ホルメンコーレンスキー場 1995）

めのことだった。

「国連の世界女性会議が秋に北京で開かれます。それに向けてノルウェーがどんな女性政策、男女平等政策に取り組んでいるか、またノルウェー女性がどんなところで活躍しているかを、ご覧いただきたいのです。取材のお手伝いをさせてください」

私はすでにノルウェーの女性について何度か取材をしていて、政治の分野での男女平等がほかのどの国よりも進んでいることは知っていた。とはいうものの、そのほかの「男の牙城」はそう簡単に陥落することもないだろうと、思っていた。しかしこの取材旅行で、私の先入観は見事に打ち砕かれた。ノルウェーの女性は、「男の牙城」を確実に崩し始めていた。

首都の「警視庁長官」。「陸軍少佐」「空軍少佐」「海軍中佐」などの軍幹部。「教会の監督（カトリックの司教にあたる）」「国立オスロ大学総長」。

はては北海沖の「石油採掘現場監督長」「ノルウェー水力発電所所長」……そして「南極探検家」。こうしたポストを並べると、どれもみな濃い髭の似合いそうな頑強男を思い浮かべてしまう。ところが、それがすべて女性だったのである。中でも、私が心から「すっごい！」と思ったのは「南極探検家」リヴ・アーネセンだった。

「可愛い女の子はこんなことしない」

私の目の前に現れたのは、優しげな表情のほっそりした女性だった。長身に小さな顔がチョコンとのっかっていた。どこから見ても、「屈強」とか「強靭」とかいう表現とは程遠い風体だった。彼女は、社会科教師のかたわら暇を見つけてはスキーや山登りに精を出す純アマチュアの探検家。家に帰れば夫も子どももいる、ごく普通のワーキング・ウーマンだった。そんな女性がいったいどうやって、大の冒険男たちが隊列を組んで挑んでも果たせなかった世界の難所を、たった一人で踏破できたのか。

私は、春スキーを楽しむリヴ・アーネセンを追って、オスロの北にあるホルメンコーレンのスキー場まで出かけた。

「人は誰でも夢を持っています。でも、夢があっても、今のところにとどまっていたのでは、翌日もまた同じです。どうしたらその夢を実現できるかを考え、まずは計画を立てます。そして計画の過程で見えてきた障害を、一つひとつ克服していきます。ところが、それが女性にはとても難しい。私の場合は、両親や教師から『女の子だから』といった制限を受けたことがありませんでした。でも、『Nice girls don't do this（可愛い女の子はこんなことしない）』と思っている人はまだ大勢います。とくに家庭に入ったら、女性は、自分の夢ではなく、夫や子どもの夢をかなえてあげる役割を期待されます。それに女性の場合、家族の反対があるとあきらめてしまいがちです。男性なら、たとえどんなに家族や周りが反対してもやり通す人が多いでしょうに」

ですから、と彼女は言った。

「女性である私が南極点到達に成功したことは、男性とは違う意義があるのです。とりわけ女性たちにとっては大きな意義があることなのです」

私は何度も大きくうなずいた。

一二歳の少女の夢

リヴ・アーネセンの夢は三〇年ほど前に始まった。読書好きの一二歳の少女は、南極探検家アムンセンの本に出会った。多くのノルウェー人がそうであるように、彼女もクロス・カントリーが大好きで、すでにいろいろなレースに出場して賞を獲得していた。だから、アムンセンの話にひかれたのも、南極点到達へのこだわりというより、大好きなスキーを履いて南の果てに行けるかもしれない、くらいの淡い気持ちからだった。少女は、「いつか私もスキーで南極に行こう！」と密かに決心した。

教員の彼女は、その後、夏休みを利用しては北極に行った。主にツアー・コンダクターとして何人かの旅行者を引き連れての軽い探検だった。何度かの極地登山や探検旅行で、並の男性よりはるかに体力があることもわかってきた。スキーのほうは、高校生の上級クラス相手にクロス・カントリーのインストラクターを務める腕前だった。

ある日、グリーンランドをスキーで横断した五七歳の男性の手記を読んで、「夢を見ているだけの時は過ぎた」と思った。一九九二年には小手試しにグリーンランド横断をスキーでやった。帰国後、夫アイナールに小さいころからの夢を実行に移す計画を話した。もともと協力的だった夫は、スンナリ快諾。こうして計画は具体的に動き出した。

●難航したスポンサー探し

次はスポンサー探しだ。一二〇〇キロとは、東京から札幌までよりもっと長い距離である。これをスキーで踏破しようというのだ。それを達成するには、まず資金の確保に成功しなければならない。綿密な実行計画をしたためた書類を手に、お願いして回った。この段階で、リヴ・アーネセンは女性であるがゆえの壁にぶちあたる。

ある会社で、「ちょっと君、一人でそりを引いたことはあるんだね?」と聞かれた。彼女のそれまでの実績をいくら説明し、写真を見せても、男性なら絶対ありえないナメた質問が次々に投げつけられた。

「女性がたった一人で南極点に行くなんて、あまりにも無謀ではありませんか」
「女性が五〇日間もシャワーも浴びずにいられるものでしょうか」
「女性の場合、トイレはいったいどうするのですか」

一五〇〇万円の経費のうち自己資金は半額。残りの七五〇万円はなんとしても調達しなければならない。さまざまな企業に日参しては断られる日が続いた。

資金提供者を探し出すことは、探検を志す人がまずクリアしなければならない最大難関の一つだ。人類で初めて南極点に到達したアムンセンは、先輩の大探検家ナンセンから励ましを受けたり、後援者を紹介されたりした、と本多勝一は書いている(2)。

ノルウェーでは、学校教育において男女はまったく差異なく扱われる。体育やスポーツも例外ではない。小学生はサッカー競技も男女混合だ。リヴ・アーネセンも、「自分のやりたいことをやり遂げよ」といつも励まされてきた。一二歳のころの彼女の夢は、学校でも家庭でも職場でも、また結婚してからも、「女のくせに」と阻まれたことはなかった。

ところが、スポンサー探しの壁は堅固だった。女性が南極点に一人で到達できるなどということは、誰にも信じがたかったのだ。さしものノルウェーでも、彼女の夢は、女性にしては大胆すぎたのだ。

「家族の理解を得ても、女性にはまた別の困難が待ち受けているんです。私はスポンサー探しで打ちのめされ、疲れ果てました。あきらめたら楽だったと思います。でも、私の体の中の何かが『このみじめな金探しのために夢を捨てるなんて』と私を引っ張ったのです。スポンサー探しは、南極点への一人旅よりはるかに大変でした（笑）」

強風、吹雪、零下三〇度の世界

しかし、彼女の粘りは天に通じた。ある日、リュックサックやスポーツウエアの会社が、スポンサーになりましょう、と言ってきた。

「私が世界で初めて南極点に単独で到達できたのは、ひとえにスポンサーが見つかったからにほかなりません」

リヴ・アーネセンは、空路で南極大陸へ飛んだ。極点ルートの入口ハラクレスに雪上スクーターで到着したのは、一九九四年一一月四日。翌一一月五日、南極点への冒険旅行がスタートした。

日常的に必要な荷物は一五キロにまとめて、バックパックに入れた。食糧やテントなど一〇〇種類以上の装備品は、プルクと呼ばれるカヌー状のそりに積み込んだ。重さは一二〇キロもあった。そりを引っ張るのは、普通は、植村直己の北極行もそうだったように何匹もの犬たちだ。しかし彼女は、そりのひもを腰にくくりつけ、独力で引っ張った。南極ほど、生き物にとって過酷な地はないと言われている。だからこそ、古今東西、国家の名誉を背負った冒険男たちを魅了してきた。壮絶な死を遂げた英国のスコット隊をはじめ、過去どれだけ多くの男たちが命を賭けて挑戦してきたことだろうか。究極の男のロマン、それが南極探検だった。

「身を切られるような冷たい風と、そそり立つ巨大な雪の吹きだまり。大きさも数も想像以上でしたね」

リヴ・アーネセンの記録によると、前半の二五日間の気温は零下一五度から二〇度。後半の平均は零下三〇度。風が強いと零下四〇度にまで下がった。一二月は南極の真夏だが、それでも、この寒さなのだ。

「凍えそうなときもありました。一二月一四日のことでした。ひどい悪天候で、いくら速度を速めて歩いてもちっとも体が温まらない。目をあけていられないほどの猛吹雪で、数十センチ先の自分のストックさえ見えないのです。気づいたら、二本の指が真っ白になっていました」

リヴ・アーネセンは、私の前で右手の中指と親指の先をくっつけ、チョンチョンと動かした。

「指の凍傷のほかはとても健康でした。南極の地表は平らではなくて、でこぼこなんです。その上を一二〇キロの重いそりを上げたり下げたりして進まなければならないのです。これをやり遂げたことで自分の健康にさらに自信がつきました」

●クレバスに転落

こんな彼女にも、死ぬかもしれないと思ったことがあった。

「スキーなしで歩いていたときでした。いきなりドスーンと二〇メートル真下に転落してしまった。氷河の深い割れ目、クレバスです。心臓が止まるかと思いました。幸い、バックパックとそりに支えられて、命拾いをしました」

その後、移動するときは、かならずスキーをつけ、ストックで雪面を突き刺してクレバスを探りながら慎重に歩くようにした。

「あたり一面ホワイトアウトとなり、どちらに向かって進んでいいかわからなくなるときもありました。でも、サテライトによるナビゲーターがあり、小さな発信機みたいな装置をつけているため、位置を確かめることができました。昔なら遭難していましたね。最大の敵は疲労でした。雪の上を歩くというより、ザラザラした砂の上を重い荷物を背負って歩いていると思ってください。渾身の力を振りしぼっても、ちっとも前に進まないことが多いのです。疲れがたまると精神が滅入ってきます」

目標は一日一〇時間で二〇キロ。ところが、でこぼこの雪面と荒れ狂う強風のため、わずか四キロしか進めない日もあった。

「そういう日は、早めにテントを張って休みました。一二時間眠った日もあります。私は、南極点到達がこの探検の目標だとは考えないことにしました。毎日、決まりきった仕事を淡々とこなす、ということに気持ちを集中しました。起きて、食べ、進み、休んで、進み、寝る……」

一日のスケジュールはこうだ。

- 午前六時三〇分　起床。夜寝る前に溶かしておいた氷の水を沸騰させる。スポーツドリンクとジュースを魔法瓶から飲む。朝食をとる。テントをたたむ。
- 午前八時三〇分　進行開始。一時間ごとに五〜一〇分の休憩をとる。休憩するときは、風を背にしてそりに座る。黒スグリのジュースと、チョコレートかクラッカーまたはマジパン（アーモンド砂糖菓子）を口に入れる。
- 午後二時　昼食。手づくりの特製シリアル。また歩く。
- 午後七時ごろ　テントをはる。石油コンロに火をつける。雪を溶かしている間にポテトチップ。夕食をつくって食べる。決まりきったことをする。
- 午後九時三〇分〜一〇時　寝袋に入る。日記を書く。詩を読む。就寝。

夫の誕生日には、持参した小さなトランスミッターで、コードナンバーを押して「誕生日おめでとう」という信号を送った。

持参したラジオはすぐ受信がとだえてしまったので、そりの荷物の一番奥にしまい込んだ。いったいどうやって五〇日間もの長期間、生き物の声や音のいっさいしない時を過ごせたのだろうか。

「長い訓練の賜物です。それまでの訓練から、一人きりでいるときの精神状態とはどんなものかを知っていました。誰とも話ができないという孤独に、自分を慣れさせてきたのです。信じられないほど素敵な気分のときもありました。何冊か持っていった詩集もなぐさめになりました」

それに、悪天候ばかりではなかった。南極の雪と風でつくられた、えも言われぬ不思議なオブジェは、野外現代アートのように思えた。ときには、この世のものとは思えない美しい光景を見せてくれた。どこまでも続く真っ白な世界。平和と静寂。神々しいほどの荘厳さ。

「自然との一体感をこれほど感じたことはありません。体全体が震えるような感動に包まれることがありました。夜になって日記帳を開いて書こうとしても言葉にならないのです」

クリスマス・イブに南極点到着

こうしてリヴ・アーネセンは、クリスマス・イブに南極点に到達した。

「最後の日の朝、テントをたたみながら、もう明日からこうしてテントを張らなくてもいいのだ、と思ったらとても不思議な気分でした。何時間か歩いたら、数メートル先に『ここが地理学上の南極点』というサインが見えてきました。そのときは、本当に胸がつまりました」

南極点に着いた彼女は、近くにあるアメリカ基地のバーに入った。ところがそこにいる人たちは、彼女を見て「ハーイ」と軽く挨拶をするだけ。とくに歓待するふうでもなく、慰労の言葉をかけるでもなかった。

基地中が割れるような歓声に包まれたのは、しばらく間をおいてからだった。単独で南極点制覇をしようという女性がいるというニュースは前から伝えられており、みなその到着を今か今かと待っていてくれたのだという。ところが、バーにいた人たちは、入ってきた女性が、あまりに元気な顔をしていたので、誰一人、大冒険の当人だと思えなかったのだ。

「バーにいた人たちは、また飛行機でやってきた軽い冒険好きの女性の一人だと思ったらしいのです」

●女性が夢を実現できる社会

こともなげにやってのけたかに見える彼女だが、成功のカギが綿密な計画と猛烈なトレーニングにあったことも、話していてわかった。夏は古タイヤを引っ張ったり、ロッククライミングをしたり、と毎日ハードな訓練を重ねた。炎天下に、三本の大きな古タイヤをひもで腰につないで引きずる。そんな彼女の姿を見た人たちは、「ちょっとおかしいのでは」と心配したという。

それと特筆すべきは、彼女のノルディックスキーの技術の高さである。ノルウェーでは、昔から国民誰もがこよなくスキーを愛する。「ノルウェーの赤ちゃんは足にスキーをはいて生まれる」という言い回しがあるくらいだ。そういう長い伝統のもと、レベルの高いスキーヤーがひしめく国で、何度も優勝するほどの実力を彼女は持っていたのだ。

一九一一年の男性の南極点踏破レースで、英国のスコット隊がノルウェーのアムンセン隊に敗れた理由の一つは、スキーの実力に雲泥の差があったことだと、本多勝一は著書に書いている。南極で初めてスキーを習ったものもいるという英国隊に対し、ノルウェー隊は「スキーをゲタのように使いこなした」と。

そして忘れてはならないのは、ノルウェーという国家は、女性があらゆる分野で活躍できるように国をあげて応援する社会だということである。

スポーツ界も例外ではない。二一〇万人の会員を抱える最大のスポーツ団体「ノルウェースポーツ連盟」[3]は、一九八四年に「女性委員会」を発足させた。目的は、スポーツ団体の役員、指導者、審判に女性を増やすこと、あらゆるスポーツ競技への女性の参加をいっそう奨励すること。その活動が実り、一九八七年には、連盟内のすべての決定機関には両性がいなければならないとされ、数年後には、連盟の規約に、すべての決定機関には、両性から少なくとも各二人の代表を置くことという文章が明記された[4]。クオータの波は、ここにも押し寄せていたのだ。

一九九〇年代に入ると、ノルウェー国会は、スポーツ界における男女平等の推進事業に公費二八〇〇万円を投じる決定をした。

リヴ・アーネセンに先立つ一〇年前、南極点の間近まで迫った四二歳の女性気象学者がいた。その話を聞いて国籍を調べてみた。驚いた。ノルウェー人だった。

一二歳の少女の夢をつぶさない社会、四〇歳を過ぎた既婚女性でも自分の夢を実現できる社会。ママが南極大陸を猛進している間、パパが家を守る社会。

なんて素敵な話だろう！

2 経済界に女性重役ラッシュ

●ガブリエルセン大臣のクーデター

ノルウェーの会社は、二〇〇八年から、会社の取締役に女性を四割入れなければならなくなった。日本と違って、ノルウェーの取締役会は最高経営者会議の上に位置する。取締役会は社長を首にすることもできる。そこに女性を四〇％以上入れようというのだ。

「やったね！」のジェスチャーをするガブリエルセン元貿易・産業大臣（国会議事堂前 2008）

経済界の男女平等は政界のようには進まないと聞いていた私は、何が、こんなすごい改革を可能にしたのか気になった。いても立ってもいられなくなった。二〇〇八年二月一日、オスロ行きの飛行機に乗った。

ノルウェー最大の新聞社ヴェー・ゲー紙のマリエ・シモンセン政治部長に会った。彼女はこう教えてくれた。

「ガブリエルセン大臣のしたことは、一種のクーデターでした」

シモンセンは主要新聞社ではノルウェー初の女性の政治部長で、ガブリエルセンは民間会社にクオータ制を導入することに最も尽力した貿易・産業大臣である。

時は、二〇〇二年初めにさかのぼる。当時のノルウェーは保守中道内閣だった。その貿易・産業大臣がアンスガール・ガブリエルセンで、クオータ制に積極的とは言えない保守党に所属していた。ある日、彼は記者団からこう水を向けられた。

「会社の取締役に女性を増やそうという議論が盛んです。スウェーデン政府は二五％というクオータ制を考えているようですが……」

するとガブリエルセンは言った。

「二五％じゃダメだね。四〇％にしなくては」

この一言を、新聞が「爆弾発言」として大々的に報道した。

大手新聞社政治部長でもトークン

女性記者たちも、ガブリエルセン発言に飛びついた。その一人、マリエ・シモンセンは言う。

「財界の男性たちはもちろんのこと、財界女性たちの多くも、クオータ制には反対でした。彼女たちは『私が今の地位にいるのは私の実力。クオータ制は私たち女性への最大の侮辱です』と言い、ガブリエルセン発言に激怒しました」

「しかし……」と続けた。

マリエ・シモンセン政治部長（本人提供）

「私はヴェー・ゲー紙という大手新聞社の政治部長です。男性がこの肩書だったら、ノルウェーではさまざまな重職についています。政治に関する議論が巻き起こると、専門分野について、いろいろ発言を求められます。でも、たとえば私がテレビ番組から出演依頼されるとき、どう言われていると思います？『まずい、女がいない。マリエに出てもらおう』なのです」

男女平等国のお手本と言われるノルウェーでも、女性の大手新聞社政治部長は女性であるがゆえに、依然としてトークン（お飾り）にすぎない、というのである。マリエ・シモンセンは、「女性の少ない財界トップ」を扱ったテレビの政治討論番組に出たときのことを決して忘れない。

「大会社の社長が、番組の最中に、私の目の前でなんと言ったと思います？『会社の取締役に女性を四〇％だって！　どうやってこの〝コンパニオン〟を探すんだね』と言って『ハッ、ハッ、ハッ』と笑ったのですよ」

だから保守党出身の男性大臣が党内でクーデターでも起こさなければ、「取締役クオータ制」がノルウェーに誕生することなどありえなかった、と言うのである。

世界初の「取締役クオータ制」が国会で成立したのは、ノルウェー保守中道政権時代の二〇〇三年だった。この「取締役クオータ制」、実は私の造語だ。正式には、それまでの会社法に次のような文言が付け加えられた新会社法を指す。

「株式上場会社は二〇〇八年から、国営会社は二〇〇四年から、取締役会に両ジェンダーが少なく

とも四〇％いなければならない」（会社法六条一一a）

つまり、ノルウェーの企業は、取締役会をどちらか一方の性の人間が四〇％以上になるようにしろ、と命令されたのだ。

ノルウェー経営者連盟NHOや私企業が支持基盤である保守党主導内閣のもとで、なぜ私企業の嫌がる法律が誕生したのか。

●親父ネットワークを壊せ

二月のノルウェーはとくに寒い。国会議事堂前で問題の人物と会う約束をした私は、寒空の下、足踏みをしながら待った。

「すみませーん。つい今までカナダのテレビ局が、取材で……。ええ、テーマはクオータ制でした」

例のクーデターの主アンスガール・ガブリエルセン元貿易・産業大臣（五二歳）は、約束の時間を大幅に遅れて、大柄な体をゆすりながら駆け足でやってきた。「日本から来ました」と言うと驚いた表情で、「オスロに住んでいる記者だと思った。それは遅れて、悪かった。すみません」とまた謝った。

彼は、青空の下で取材に応じてくれた。

「僕は男性で、根っからの保守党員です。しかも金融界という男性が支配する世界で働いていました。これが幸いしたのです」と妙なことを言い出した。「(二〇〇二年初めの爆弾発言について）ついポロッと言ってしまったという通説は、実は間違いでしてね。あれは一年半も考えに考えた発言だったのです」。大きな声で「エイティーン・マンツ（一八か月）」と強調した。

「一五年間政治家をし、問題が出たら、その解決に最も現実的な手を打つ、これが僕の身上です。わが国には優秀な女性が多数いるのに、取締役会の女性の割合は六%でした。これじゃ企業が多様性を云々する資格はありません。新しい価値の創造など不可能です。それなのに、男性たちときたら、男仲間だけの狭い世界から取締役を選んできた。ほら、サウナ仲間、釣り仲間、狩猟仲間……」

私は、習ったばかりのノルウェー語を使って、「いわゆるグッベヴェルデですね」と相槌を打った。グッベ（年配男性）とヴェルデ（世界）をくっつけた単語で「親父ネットワーク」といったところだ。

「そうそう、グッベヴェルデです（笑）。この親父ネットを壊そうという議論は、長年、ありましたがラチがあきません。僕は、もううんざりして、これは決行しかないと密かに思うようになりました。そこでクオータ制を可決させるためにはどうしたらいいかを用意周到に考えたのです」

●爆弾発言の真相

二〇〇二年のノルウェー保守中道連立政権は、保守党、キリスト教民主党、自由党の三党で内閣を構成していた。クオータ制に反対なのは彼の属する保守党だけだった。

「閣僚一九人のうち保守党は一〇人でした。一党で過半数です。自由党は賛成。キリスト教民主党は男女平等政策の要である子ども・家族大臣をいつも出しており、賛成。同党から出た首相も賛成。でも保守党の一〇人が反対すれば閣議を通りません。では、もし僕が賛成に回るとどうなるか。ほかの保守党閣僚が反対しても多数決で閣議を通る。これはイケル！　と踏んだのです」

二〇〇二年二月、記者会見でガブリエルセン大臣が「財界にも四〇%クオータ制導入を……」と漏らしたのは事実だが、本当は、漏らしたかのように装ったのだ、と本人は私に告白した。これは、新聞社の政治部長さえも知らない特ダネであった。ガブリエルセンは保守党内にも、首相にも、ライラ・ドーヴォイ子ども・家族大臣（男女平等推進の責任相）にも、そして何でも話し合ってきた妻にさえも、一切相談をしなかったという。へーッ、である。

●女性を増やすと会社にプラス

「僕はフェミニストではない。でも、男性だけよりも女性が入って議論するほうが企業の利益になるとの確信がありました。取締役に女性が増えることは、会社にも社会にもプラスになると思っていました。しかし財界の男女均等なんて、法律で規制でもしなければ、何十年かかってもできない、との実感がありました」

二〇〇二年三月八日の国際女性デーに近かったことも幸いした。ヨーロッパ諸国では、三月八日は働く女性を祝う日で、メディアは特集記事を組み、政治家は新しい女性政策を発表するのが習わしだ。

取締役クオータ制導入時に子ども・家族大臣だったライラ・ドーヴォイ（国会議員控室 2008）

三月八日の前日、ガブリエルセン貿易・産業大臣とライラ・ドーヴォイ子ども・家族大臣は示し合わせて、経済界に対して「取締役会の四〇％以上を女性にせよ」と勧告した。これには「国営企業は一年以内に、ほかは三年以内に」と期限もつけた。もし自主的に四〇％を達成できないようであれば、会社法を改正してクオータ制（割当制）を導入するぞ、という脅し文句も加えた。

ヴェー・ゲー紙マリエ・シモンセン政治部長は、新聞で大々的に取り上げた。海外のメディアもノルウェー政府の決定を大きく報道した。世論も大臣の発言を歓迎した。

●こんな勧告は無意味だ

勧告から半年を経た二〇〇二年夏、私はたまたまノルウェーにいたので報道を点検してみた。案の定、三月八日の政府勧告に企業側が反発して、財界と政府が火花を散らしていた。たとえば、メディアに登場することの多い急成長産業のIT会社スーパーオフィス社の社長ウーネ・アムンセンは、「こんな勧告は無意味だ」と公言していた。しかし、ライラ・ドーヴォイ子ども・家族大臣は「真剣に増やそうとしないのなら、法で規制するまでだ」と間髪を入れずに反撃した。スーパーオフィス社は、そのすぐ後の二〇〇二年五月、取締役会に初めて女性を登用した。

この豹変ぶりがおもしろいので、私は電話でアムンセン社長に聞いてみた。すると、「一生懸命探したら、実にすばらしい女性が見つかったので……」との答えが返ってきた。三月八日の政府勧告は威力十分だった。この日以降、企業は本気で女性重役候補者を探すようになった。海外にまで人材を求める会社も出てきた。ノルウェー一万六〇〇〇社が加盟する経営者連盟NHOは、会長名で加盟各社に「取締役会や最高経営陣に、もっと女性を増やそう」という手紙を出した。

その当時の男女平等オンブッドのクリスティン・ミーレ(5)は、私の取材にこう語った。

「四〇%はとても難しいと思います。企業の今の対応ぶりは、立法化されたくないという本音の現れにすぎません。結局、法による強制になると私は予想しています」

そして彼女の予想通り、翌二〇〇三年六月一三日、会社法の改正案が国会に上程されて、その秋に可決された。保守党は全員が賛成し、反対は極右と言われる進歩党だけだった。

●北欧最大企業の副代表はシングルマザー

それから四年ほど経った。二〇〇八年二月のノルウェー訪問で、北欧最大の企業であるノルスクハイドロ社取締役副代表のマリット・アーンスタッド（四五歳）に取材することができた。彼女は、同社を含む六社もの取締役を務めていて、まさに女重役のシンボル的存在におさまっていた。

石油エネルギー相だった一九九九年には、独身のまま出産し、四か月の育児休業をとった。それが大きな話題になった。大臣職に復帰した二〇〇〇年一月、シングルマザーのまま〇歳の息子を抱っこして、サウジアラビアを公式訪問した。サウジアラビアの政界には女性が一人もいなかったから、当然、国内外のメディアは大騒ぎ。日本のメディアも取り上げた。そのアーンスタッドに言わせると、今のノルウェー経済界は、上からの圧力と下からの突き上げによって急速に男女平等化が進んでいる、という。

マリット・アーンスタッド取締役
（トロンハイム市 2008）

上からの圧力とは、二〇〇三年に制定された「取締役クオータ制」。下からの突き上げとは、その改正法に刺激されて意欲満々になった女性群。新法のもとで、企業は渋々ながら、女性が取締役につけるような訓練を企画したり、取締役にふさわしい女性を登用したり、と積極的に動き始めたのだ。

アーンスタッドは、二〇〇五年に国会議員を引退して故郷トロントハイムに戻り、弁護士業を始めた。そのとたんに、重役候補として引く手あまたとなった。石油エネルギー大臣をはじめ国会議員としての長年の経験と弁護士の知識を買われたのだ。

「もうこれ以上、引き受けるのは無理。息子のハンドボールの試合にもつきあわなければなりませんからね」と笑った。

●北海の海上がママの仕事場

経済界の変遷をもう少しさかのぼってみよう。

マーガレット・ウーブルム北海油田現場監督（ベルゲン沖の北海油田 1995）

ノルウェーの男女平等法は、宗教界を除いた社会のあらゆる場面の男女平等をうたっている。経済界とて例外ではなくて、一九九〇年代には女性を管理職に登用する会社も出始めた。たとえば一九九三年、スタートオイル会社は、石油採掘現場の最高責任者に三四歳のマーガレット・ウーブルムを起用した。石油採掘現場といえば、男の職場だ。そこの現場リーダーに女性が抜擢されたのだ。
さすがはノルウェー！　これはすごい！　一九

九五年、私は、ベルゲン西方二〇〇キロの沖合に浮かぶ北海油田採掘現場に、彼女を訪ねた。ノルウェー女性にしては小柄な女性が、毎日三六万バーレルを採油する巨大なパイプがそびえ立つ海上のプラットフォームで、社員約二五〇人に采配を振るっていた。絵になる光景だった。

でも、陸にあがって、家に帰れば九歳と六歳の息子が待つ現役ママ。彼女が海上にいるときは、同じスタートオイル会社で働く夫の就業時間が短縮されて、夫が子育てを引き受けていた。

「このポストに就いたときは、女性であることでとても騒がれました。でも、必要なのは経験と決断力です。男女に差なんてまったくありませんよ」と、ウーブルムはこともなげに言った。

四〇ノットの強風が、肩までかかる長い髪を、真横に吹き飛ばした。男性の部下の配転人事も、バリバリやるのだそうだ。「同じ能力があれば、管理職にはできるだけ女性を登用したいですね」とも言った。

スタートオイル会社は、八人の社員で構成される男女平等委員会を設置し、一九九五年からの二年間で管理職の二割を女性にする方針を打ち出し、具体的に動き出したところだった。

●ま、ガンバッテネ、男性諸君！

一九九〇年代末、男女平等法の推進機関である男女平等オンブッドが動いた。経済界の男女不均衡解消を目標にしたポスターをつくった。これが論議を呼んだ。ポスターには、ノルウェーの経済界を支える名だたる会社の取締役会の写真を使った。そこには、女性が一人も写っていなかった。皮肉たっぷりのキャプションがついていた。

ポスター「ま、ガンバッテネ、男性諸君！」（男女平等センター作 1990 年代末）

「さあ、これがわが国の指導者たちです。新世紀に必要とされる多様性と多面性を、見事にかねそなえていますね」

「ま、ガンバッテネ、男性諸君！」

このポスター・シリーズは、男女半々の政界の光景を見慣れてきた国民の目には奇妙に映った。大小約二万社が加盟するノルウェー経営者連盟NHOの役員シグルン・ヴェー・ゲーン労働市場・社会問題担当部長は、こう私に告白した。

「取締役に誰を選ぶかは会社の自由です。女性を増やすよう法律で規制なんてとんでもないと思っていました。けれど、あの、男だらけの写真を見て、これは何かが欠けていると思いました」

ポスター作戦だけではない。二〇〇〇年になると「女性人材データベース」という新プロジェクトも、男女平等センター（男女平等推進機関。オンブッドもここにいる）を中心に始まった。

インターネットのホームページをクリックする

と、ズラリと並んだ女性たちの履歴、専門分野、連絡先が出てくる。女性の人材を探す会社が、専門分野とそのポスト名をホームページに打ち込む。すると、該当する候補者名がたちどころに現れる仕掛けになっている。登録女性は三〇〇〇人を超え、五六％が取締役経験者、七七％が管理職経験者である。二〇〇二年夏、男女平等センター事務局長のモーナ・ラーセン・アスプは、「『トップに見合った実力のある女性はいない』とは、もう言わせませんよ」と語った。

しかし、こうした女性たちの努力にもかかわらず、女性たちが企業組織の最高峰である取締役室に入り込むのは難しかった。

二〇〇三年成立の「取締役クオータ制」に至るまでには、こうした女性たちの工夫をこらした闘いがあったのだ。

●世界一の女性取締役数へ

「取締役クオータ制」が加筆された改正会社法は、二〇〇三年秋に成立した。私企業は二〇〇八年一月一日から取締役会に女性を四〇％入れなければならなくなった。

財界の対応は速かった。日本の経団連にあたるＮＨＯ加盟上場企業のすべてが、二〇〇八年一月、取締役に占める女性の割合を四〇％以上にした。ノルウェーを代表する石油・エネルギー企業のノルスクハイドロ社では、取締役七人のうち三人（四二・九％）が女性である。一九九八年夏、ノルスクハイドロ社社長自ら、「当社に見合った実力のある女性取締役を見つけることはきわめて困難」と公言していたのに……。

ヨーロッパの会社取締役会への女性進出

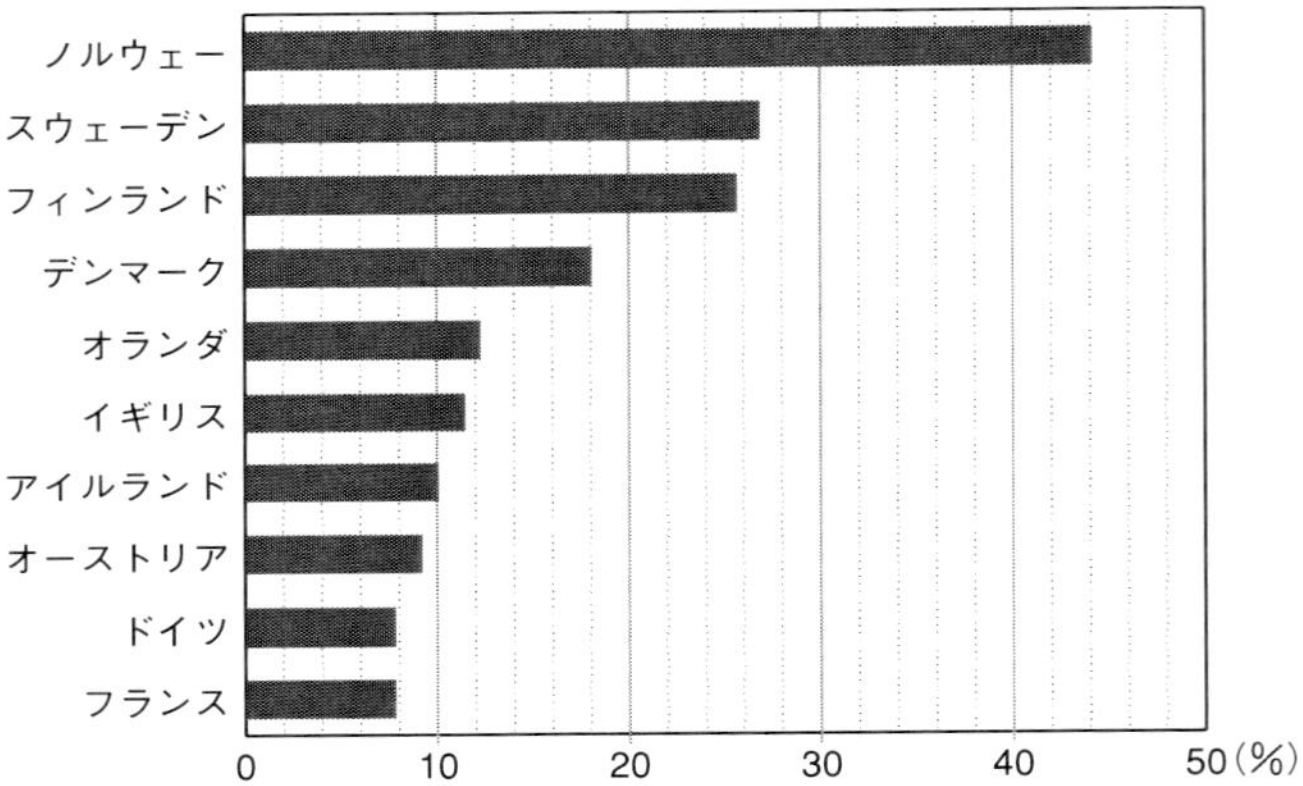

出所：European Professional Women's Network 調査より筆者作成
ちなみにアメリカの調査機関 Catalyst によると、アメリカ 14.8%、カナダ 13%

ＮＨＯ非加盟会社も含めた株式上場企業四六〇社の取締役会に占める女性の割合は、二〇〇八年頭は三八％だった（「会社の多様性センターＣＣＤ」調査）。それが、二〇〇八年春の株主総会後には四四％を超えた。この四四％という数字は、スウェーデン二六・九％、アメリカ一五％、イギリス一一・五％、ドイツ七・八％と比べると一目瞭然、間違いなく群を抜く世界一である（図表）。

●男性たちはどう考える？

女性取締役が増えることによって、ポストを失うのは男性取締役である。男性たちはどう考えているのか。研究機関による調査は始まったばかりだ。ノルウェー・ビジネス大学教授マーティン・フース（経済機構論）を訪ねた。彼は、「おもしろいでしょう。ノルウェーはこうだったんですよ」と、女性がほとんどいなかった役員会議の写真や絵を見せた。そして「中間報告ですが」と断って、こう教えてくれた。

「取締役会についての調査によれば、女性取締役は、取締役会議の議論の経緯や効果に確実に影響を及ぼしています。彼女たちは前もって議案書を読んで臨むなど準備をしてきます。それに会議ではよく質問をします。こうした女性の勤勉な傾向が、男性取締役に刺激を与えています。結果として、取締役会全体に、なかなかいい変化が出ているようです」

●現政権の財務大臣、貿易・産業大臣に聞く

ノルウェー左派中道政権の財務大臣で左派社会党党首のクリスティン・ハルヴォシェンにも感想を聞いた。

「今は法・経済学を専攻した大学生の半数以上が女性です。成績も男性に劣りません。経済分野においても優秀な女性は多い。なのに、取締役には女性がいなかった。それは男性同士の友だちの輪から選んできたからです。いわば〝お手盛りクオータ〟です。その不自然さを解消しようとするのが、今回の『取締役クオータ制』なのです」

ガブリエルセンの次の貿易・産業大臣ダーグ・タリエ・アンデシェンにも取材を申し込んだ。貿易・産業省の大臣執務室で取材に応じた彼は、法文のポイントをこう解説してくれた。

「会社法には、取締役の規約があります。代表を置くこととか、三分の一は労働組合からの推薦者を入れるとかが明記されています。今回の改正で、それにクオータ制が加わったのです。この規約に違反した会社には、会社登録機関から改善命令書が送られます。改善命令に従わない会社は閉鎖にな

お茶を入れるダーグ・タリエ・アンデシェン貿易・産業大臣（貿易・産業大臣室 2008）

ります。でも、命令に従うのが普通です。閉鎖に追い込まれるような会社はほとんどないはずです」

「スウェーデンやデンマークで、取締役会に全然女性が増えていないことを見ると、私たちの法律の威力がよくわかります。僕の省？　見てくださいよ。ここの役人は、幹部もヒラも男女だいたい半々ですよ」

彼はさりげなく、幹部女性二人と私の三人分のカップにお茶を注いでくれた。

ノルウェー経営者連盟NHOの決断

会社閉鎖の危機に瀕して真っ青になっている社長がいるのではないか。二〇〇八年二月、こんな思いを胸に私は、オスロのNHO本部を訪問した。だが推理は外れた。NHO役員のシグルン・ヴェー・ゲーン労働市場・社会問題担当部長は、「NHO傘下の大企業は一社残らず法律を守りました」といった。

当初、NHOが会社法の改正に猛反対だったことは、書いた。政府が会社法改正案を言い出した二〇〇二年のころ、ゲーン部長は「改正に反対」を公言していた。とはいえ法が改正されることは予想されていた。

そこでＮＨＯ独自に対応策を練った。ＮＨＯ加盟全社に、「取締役に女性を増やすことをどう考えるか」「どうして取締役会に女性が少ないのか」とのアンケートを実施した。回答のほとんどは「女性を増やすことには賛成だが、いい女性が見当たらない」だった。次に取締役やトップ管理職にふさわしい女性を育てるため、二〇〇三年、取締役や上級幹部を養成するプロジェクトを立ち上げた。

プロジェクト名は「女性の未来Female Future」[6]。ＮＨＫ流に言うなら、プロジェクト・エフだ。養成講座はノルウェー全土のＮＨＯ支部で開かれた。二〇〇五年までの二年間で、三七〇人の女性が参加した。修了すると、受講者の約半数に対して、さまざまな会社から取締役のオファーが舞い込んだ。二年で終わるはずだったプロジェクトは続行された。ノルウェー・ビジネス大学と提携して新規講座をつくった。二〇〇六〜二〇〇八年は四八〇人に膨らみ、ＮＨＯはこれに一六〇〇万ノルウェークローネ、約二億四〇〇〇万円を拠出した。

シグルン・ヴェー・ゲーン部長（NHO 役員室 2008）

大学の新年度が始まる数か月前、ＮＨＯは、加盟各社宛にインターネットで受講希望者を公募した。これぞわが社の幹部候補生と太鼓判を押された女性二人ずつが、推薦されてきた。一人当たりの授業料二万ノルウェークローネ（約三〇万円）は全額会社持ち。受講者には有給休暇が与えられた。

ノルウェー・ビジネス大学の講座をのぞいてみた。

●野心まんまんの女性たち

「女性の未来」講座の説明には、「取締役レベルの経営管理力を養う」とある。六単位（週四時間の授業を一二～一四週）で修了だ。「あなたはついていますね。今日は、模擬取締役会議の日で、とてもおもしろい試みがありますよ」と担当者が言った。

総勢二〇人程度が、一班は銀行、二班はIT会社、三班はクリーニング会社という想定で、六、七人ずつに分かれた。若者から中年女性まで、ノルスクハイドロ社や、スタートオイル社、ホテルチェーンなど、さまざまな会社から参加している。口角泡を飛ばす勢いの議論には、圧倒された。

新聞社の取締役になりたいカーリッシュ
（ノルウェー・ビジネス大学 2008）

二班のIT会社取締役会議は、経営不振に陥り、建て直しを迫られているという設定だった。模擬取締役たちは、知恵を出し合い、結論に導く。教材に取り上げられたケースは実話だった。後日、教授から本物の取締役会での建て直し戦略が披露され、受講生たちの案と比較検討される。受講生が侃々諤々の真っ最中、教授が私の横に来て、「この女性たちの案のほうが、本物の取締役会の案より優れていることもあるんですよ」とささやいた。私も、わくわくしてきた。

講座の受講生の一人、アン・クリスティン・カーリッシュ（四四歳）は、二人の子どもを持つワーキングマザーだ。受講の合間を縫って彼女に参加の動機を聞いた。

「今は、ノルウェー・ビジネス大学の修士課程担当総務部長です。私は、企業の発展に大きな影響を及ぼすような戦略を持てる人間になりたいのです。それで、このプロジェクトに参加しました」

今の雇用主である大学は、彼女の受講料を負担し休暇を与えた。だから当然大学の理事を射程においての受講かと思ったら、「いいえ、新聞社の取締役が希望です」。

カーリッシュは、子どものころから「アンビシャスであれ」と親に言われて育った。「私が望む扉はいつも開かれていました」と言う。イギリス留学でＭＢＡをとり、コンサルタント会社勤務などを経て、大学総務部長のポストに就いた。通算二〇年間に及ぶ教育関係の仕事についてきたが、「そろそろ新しい分野にチャレンジしたいと思って……」。「女性の未来」講座では、取締役に必要なネットワークのつくり方、自分の強みの表現の仕方などを学ぶという。

世界各国のメディアも、プロジェクト「女性の未来」に注目し、取材攻勢が続いている。ＮＨＯ役員のシグルン・ヴェー・ゲーンは、世界各国の新聞社から届いた記事のファイリング箱をドーンと私の目の前に置いた。「いろいろな国が取材にきます。日本の新聞社もここにやってきましたよ。ほら、これがそのときの記事です」と言って、日本の毎日新聞の記事を見せた。

インターネット・ニュースは、経営者側主催の同プロジェクトを、「国際労働機関ＩＬＯもが世界のモデルケースと見ている」と紹介した。日本の連合にあたるノルウェー労働組合総連合ＬＯも、経営者側に負けじと、「女性の未来」にならって新しいプロジェクトを開始した。

●必要なのは「男の未来」講座

しかし、批判はある。「取締役クオータ制」成立の陰の立役者の一人であるライラ・ドーヴォイ元

取締役クオータ制導入に積極的に動いた女性初のキリスト教民主党党首ハウグラン（オスロ教区オフィス 2008）

子ども・家族大臣は、二〇〇八年二月、私にこう言った。

「何ですか、あの『女性の未来』とかいうの。何で女性だけが勉強しなくてはならないんでしょう？　テレビ討論番組で大臣の私に向かって『取締役にクオータ制を入れたら取締役の質が低下する』などと言った男性がいましたよ。必要なのは『男の未来』講座でしょう。男性こそ、もっと勉強しないと未来はありませんよ」

男性に手厳しい発言をする彼女は、キリスト教民主党の議員だ。キリスト教民主党は、『取締役クオータ制』成立に、大きな力を発揮した。

一九九九年、取締役会のクオータ制を初めて具体的に提案したのは同党のヴァルゲール・スヴァルスタッド・ハウグラン子ども・家族大臣だった。彼女は一九九五年から二〇〇四年までキリスト教民主党の女性初の党首として、党内に強い影響力を持っていた。ハウグランは、次の内閣で教育文化大臣となり、子ども・家族大臣には同党のライラ・ドーヴォイが就任した。取締役会のクオータ制導入について、「私たち二人は綿密に連絡をとり合って、成立に向けて動いていた」と、語っている。

キリスト教民主党は、一九七八年男女平等法案で反対に回った党である。それを思うと、男女平等に関する政党イデオロギーの変遷を感じざるをえない。

●「そのような統計はとっておりません」の日本

ノルウェーの取締役クオータ制は、世界に電気ショックのような衝撃を与えた。各国で、同制度に関するセミナーが盛んに開かれるようになった[7]。「ノルウェー方式」にならおうという国が続出した。二〇〇六年、ベルギー国会には、会社の取締役の三〇％を女性にする法律が提出された。二〇〇七年スペインでは、新男女平等法文に会社取締役四〇％を女性にする努力目標が加えられた。二〇〇九年には、フランスのサルコジ政権が企業の取締役会議の五〇％を女性にする法案を提出する、と発表した。二〇一五年の五〇％達成に向けて、一八か月以内に二〇％、四年以内に四〇％にするのだという。

欧州連合ＥＵでは、産業界の男女平等推進決議案に「ノルウェー政府の取締役クオータ制を歓迎し、加盟国はノルウェーモデルに倣うこと」という文を盛り込んだ。だが二〇〇八年一月のＥＵ議会は、賛成二九四、反対二九六のわずか二票差で否決した。とはいうものの、ＥＵ諸国は今後も、ＥＵ非加盟国ノルウェーからゆさぶられることになりそうだ。

日本はどうか。経団連広報に電話して、日本の会社の取締役女性率を聞いてみた。「そのような統計はとっておりません」という回答だった。

話は戻って二〇〇八年二月……私は、目の前にいる保守党クーデターの仕掛け人ガブリエルセンにカメラを向けた。彼は、微笑みながら親指を立てて「やったね！」というポーズをとった。そしてこう言って、立ち去った。

「どの国もその国の流儀があるから、このやり方をならえとは言えません。でも、日本の男性経営陣だって、女性たちといっしょにコーヒーでも飲みながら親しく話し合いを続けられたら、会社は変わると思いますよ」

第 5 章

ルポ・国政選挙 2009

投票風景。投票日は 7 月 14 日から 2 か月間と長い（オスロ市庁舎 2009.9.14）

1　七党中四党が女性党首

「三九・一％でもまだ女性は少なすぎる」

二〇〇九年、秋。ノルウェー国民は、労働党・左派社会党・中央党の三党連立による〝赤緑〟政権を選んだ。赤緑とは政党のシンボルカラーのことで、労働党、左派社会党が赤、農民を基盤として発展した中央党は緑で表される。

投票日の最終日である九月一四日の直前まではノルウェーも、スウェーデン、デンマーク、フィンランドのように保守中道が政権を奪取するのでは、と言われていた。しかし蓋を開ければ社会民主政権の続投だった。注目の女性議員は、全一六九議席のうちの六六議席。これは率に直すと三九・一％で過去最高だった。開票が終わりかけた深夜一時半過ぎ、主要七政党の党首が、国会議事堂二階のホールに現れた。恒例の党首記者会見だった。

私たち報道陣の目の前に並んだ顔触れは、どんな言葉よりも雄弁にこの国の男女平等の進捗ぶりを語っていた。七つの椅子に座った党首は、左派社会党、中央党、保守党、進歩党の四党が女性、労働党、キリスト教民主党、自由党の三党が男性だった。今回の選挙で自由党の党首（男性）が落選したため、自由党の次期党首も女性となるらしい。となると、私が次にノルウェーを訪れるときには、七党首のうち五人までが女性になる。

ノルウェーは四年ごとの比例代表制選挙で、国会の一六九議席を決める。

議席は一九の県ごとに、人口などに応じて割り振られる。有権者は、住んでいるコミューンと呼ばれる市町村にあたる基礎自治体の投票所で支持政党の候補者リスト用紙を一枚選んで投票箱に入れる。勤務地に近い投票所で投票することもできる。その場合、投票用紙は居住地に郵送される。

投票日は九月第二週の月曜日と決まっており、二〇〇九年の場合は九月一四日だった。しかし、コミューンによっては、前日の日曜日から二日間とするところもある。期日前投票の期間も本当に長い。その政党の当選者数は、政党が獲得した票の割合に応じて、決められる。当選者は、政党の候補者リストの上から順に決まる。

肝心かなめの候補者リストは、政党の各県ごとの「候補者決定大会」で作成され、上から一番、二番、三番……と、選挙区（県）議員定数以上の数の候補者名が並ぶ。

いまやほとんどの政党は、一方の性が四〇％を下回らないようにするクオータ制を採用する。しかも男女を交互に並べる。ただし、進歩党のようにクオータ制反対の党は、女性を四〇％にしない。それに各政党はまだ一番目に男性を置く傾向にある。今回の女性議員が四〇％に届かなかったのは、クオータ反対政党があることに加え、この男性を一番目に置く傾向が響いているのだ。

平等・反差別オンブッドはこの選挙結果に不満である。ヴェー・ゲー紙は、九月一五日の朝刊で「国会に女性は少なすぎる」という見出しをつけてオンブッドのコメントを載せた。男女は半々であるべきであり、とくに六〇歳以上の女性議員、ハンディを持つ女性議員、異民族の女性議員をもっと増やすべきだと、オンブッドは語る。

●開票前日にオスロ入り

私のノルウェー選挙取材は、投票日の直前に急に決断した。まず地方の様子を取材したので、オスロに到着したのは二〇〇九年九月一三日だった。

ホテルに荷を下ろすとすぐに、ホーコン七世通りにある国際プレスセンターに駆け込んだ。旧知のビョルン・リンダールは、忙しそうにパソコンに向かっていた。彼はスウェーデンのスヴェンスカ・ダーグブラーデ紙のベテラン記者で、プレスセンターの〝主〟だ。私は九〇年代から何回もお世話になってきた。私は彼の顔を見るなり挨拶もそこそこに、「ビョルン、一四日の党首会見に出たいので記者証をとっていただけませんか?」とお願いした。

「うーん、明日だよ。いくらマリ子でも無理だよなぁ〜」

そうだろうなと思った。私は話題を変えて、「最新の選挙予想では、どっちの勝利?」と聞いた。彼は、「どの選挙予想も、赤緑(労働党・左派社会党・中央党)と保守中道の差は僅少と言ってる。明日は、長ーい夜になるだろうね」と答えた。

翌一四日の夜八時ごろから国際プレスセンターで、オスロ大学政治学教授による、テレビ中継を見ながらの英語による解説があった。これは、ノルウェー語がほとんどわからない外国人には、涙が出るほどうれしいことだった。

夜一一時ごろ、赤緑の勝利がほぼ決まった。

私は国際プレスセンターを出て、政党が催す選挙パーティ会場に走った。投票日の夜、各政党は市内のレストランやディスコなどを借りきってパーティを行う。大型スクリーンでテレビ選挙速報を見ながら、長い選挙戦を戦った同志たちが飲み明かす。刻々と変わる全国からの当落ニュースに抱き合って喜んだり、がっくり肩を落としたり……。

●真夜中の党首記者会見

時計を見ると真夜中の一二時を回っていた。ビョルンから、真夜中の一二時ごろに国会議事堂で党首記者会見があると聞いていた私は、国会に走った。走りながら「記者証がない。どうしたら国会に突入できるだろうか」と考えた。

国会議事堂横には、テレビ局の大きな車が何台か横づけされていた。当然のことながら、門の前には警備の大男が何名もいた。私はその一人をまっすぐに見上げて、「記者です」と言った。警備員が「どうぞ」と門の中に入れてくれた。第一関門は突破できた。

国会議事堂のドアを開けて中へ入ると、第二関門の受付。

「記者証を見せてください」

さあ、来たぞ。私は、正直にありのままを告げた。「日本から、今夜の記者会見のためにやって来たフリーのジャーナリストです。長年ノルウェーの女性と政治を取材しています。これまで、いくつも記事を書いてきました。今回は直前の訪問だったため記者証を申請する余裕がありませんでした。何か疑問があれば、国際プレスセンターに常駐するスヴェンスカ・ダーグブラーデ紙のビョルン・リンダール記者が私のことをよく知っていますので、連絡をとってください」

受付の女性職員は、私の顔をじっと見ながら黙って聞いていた。

「身分証明書は？」

私は、パスポートと日本の運転免許証をバッグから出した。

「オーケー。セキュリティ・チェックを受けてください」

「トゥースンタック（本当にありがとう）」

セキュリティ・チェックをパスした私は、こうして国会議事堂に入ることができた。

後日、ノルウェーの友人たちにこの話をすると、

「記者証なしで突破できたなんて信じられないよ。ノルウェーでも9・11以来、セキュリティは厳重になっている。おチビのマリ子は無害そうな少女に見えたのかもね」とからかわれた。ノルウェー女性の平均身長は一七〇センチ。私は一五九センチ。私の

「投票を忘れるな！」の旗が延々と並ぶオスロのメインストリート。左は国会議事堂。正面は王宮（オスロ市 2009.9.14）

背丈は日本でならまあまあだが、ノルウェーではXSサイズだ。八〇年代のことだが、散歩していたとき、犬のチワワを見た友人から「マリ子はあのチワワみたいだ」と言われた。そんな小さなチワワにも、いいことがあるものだ。

●トップ政治家になっても自分らしく

国会の階段を駆け上ると二階のホールに出た。国内外の記者七〇人ほどが集まっていて、主役たちの登場を待つばかりになっていた。

党首たちはなかなか現れない。時差ボケのうえに、走り回ったり、警備突破をしたりで疲労困憊の私は、立っていられないほどの睡魔に襲われた。床に腰を下ろして、夢の世界に入りかけた。

とそのとき、重そうなカメラを抱えたクルーや大型マイクを持った報道陣の一群が、動き出した。党首の誰かが到着したらしい。私もよろよろと立ち上がったが、大男たちに埋没してしまった。やっと、記者に囲まれた女性が視界に入るや、その女性は「マリコーッ」と叫んで駆け寄ってきた。私は強く抱きしめられた。大きな声で何か言われたのだが、ノルウェー語だったので意味不明だった。カメラの猛烈なフラッシュが私たち二人を襲った。眠気がいっぺんに吹き飛んだ。

クリスティン・ハルヴォシェン。左派社会党の党首で、現職の財務大臣だった。

抱き合った後、彼女は私から離れて、横並びの党首用の指定席に座った。七政党がそろった。さあインタビューが始まるぞ、という直前、彼女は、自分に一番近い報道陣からカメラを借りて、私たち報道陣側を撮影し始めた。そのうちの何回かは明らかに私をねらっていた。隣の首相（労働党）と、その隣の運輸・通信大臣（中央党）が笑った。すると、ほかの党首にもニコニコが伝染し、報道陣も含めてホール全体が和やかになった。おかげでチワワの私も、誰に邪魔されることもなく、いい写真がとれた（本書の本扉）。

なぜ、クリスティン・ハルヴォシェンが私を抱きしめ、カメラを向けたかは、一八ページを読んでもらえばわかる。私が彼女に初めて取材したのは二〇年も前のことだった。今は財務大臣だが、気さくさ、人懐っこさは二〇年前の新人のころとちっとも変らない。自分らしさを失うことなく、一国のトップ政治家でいられるのは、彼女個人の資質もあるが、ノルウェー政界の資質もあろう。

●赤緑の勝利と進歩党の躍進

さて、赤緑と呼ばれる連立与党は労働党六四、左派社会党一一、中央党一一の合計八六議席を獲得した。全議席は一六九だから、連立与党は過半数をたったの一議席上回っただけ。薄氷を踏む勝利であった。

日本人の私は、与党の二人に何か不慮の事態が起きたら与野党が逆転するのではと思ったが、ノルウェー選挙法を見ると、そうはならないことがわかった。ノルウェーには補欠選挙がない。空席になった議員の所属する政党の代理議員と呼ばれる人が繰り上がるだけなのだ。代理議員は各政党の当選者数だけ確保されているから、今の与党体制は四年間は安泰だ。

選挙前、最も右寄りの進歩党が票を伸ばすことで政権が中道左派から保守に移るのではないか、と報道された。進歩党の党首シーヴ・ヤンセン（四〇歳、女性）は、わかりやすい言葉でＴＶ討論を終

赤緑連立政権の党首たち。筆者にカメラを向けるハルヴォシェン財務大臣（左）、ストルテンベルグ首相、リーヴ・シグネ・ナーヴァルセーテ運輸・通信大臣（国会議事堂 2009.9.14 ～ 15 の深夜）

始リードし、次期首相候補かと注目もされた。減税・移民排斥・犯罪者への重罰化が主な公約だった。「尊敬する人」にはマーガレット・サッチャーやロナルド・レーガンをあげ、ノルウェーにしては極端な民営化政策を主張した。

しかし保守中道陣営との連立が成立しない限り、政権には入れない。その保守中道陣営に属する政党は、過去に進歩党と連立を組んだ経験がなかった。今回も、自由党とキリスト教民主党の両党首は、「進歩党とは連立を組めない」と発言していたのだが、進歩党と組まない限り政権を奪還できない。投票日が近づくにつれて、進歩党との連立を臭わせる発言も出始めた。

保守中道陣営の揺れは連日大きく報

道された。投票日前に行われた最後の党首TV討論では、足並みの乱れを感じさせる発言が相次いだ。すかさずイェンス・ストルテンベルグ労働党党首（首相）が「ほら、赤緑連立以外にないでしょう」と言葉をはさんだ。進歩党は、前回より三議席増やし四一議席（二四・三％）を獲得して第二党の座を磐石なものにした。この躍進は、北欧福祉社会の変容を予感させる出来事だった。

●ハンネ＝マッテ・ナルッド教授の分析

専門家はどう見るのか。オスロ大学政治学部のハンネ＝マッテ・ナルッド教授は、こう分析してくれた。

「連立政権一期交替というジンクスを破った点で、歴史的選挙でした。過去、連立政権で二期目も勝ったのは一九六九年の選挙が最後です。時の首相は中央党のペール・ボルテンでした。それ以来です。歴史的な結果を生んだ要因はいろいろ考えられますが、一番の要因は世界経済危機への対応でしょう。ほかのヨーロッパ諸国は、世界経済危機を減税で乗り越えようとしましたが、ノルウェーの〝赤緑〟は、雇用を増やす政策を核にすえた。それが国民の心をとらえたのだと思います」

進歩党についてはこう分析した。

「進歩党の勢いは、党首シーヴ・ヤンセンのカリスマ性に負うことが大きい。私は、選挙前に開かれたすべての党大会を見ましたが、進歩党のシーヴ・ヤンセンの演説は、聞き手の心をとらえるものでした。実にうまい。彼女は、それまで言及することのなかった女性問題にも焦点をあてました。自分の曾祖母がフェミニストの闘士であったことを打ち明け、曾祖母の生き方を進歩党の政策に結びつけた。女性有権者への強烈なアピールでした」

進歩党は、女性の政治的躍進の最大のエンジンであるクオータ制に反対している唯一の政党だ。候補者リストに占める女性候補者の割合も、進歩党だけが四〇％に満たない。だから、反女性的な政党として報道されてきた。

私が初めてノルウェーの国政選挙を視察した一九九七年、進歩党の候補者リストは上位に男性ばかりが並んでいた。進歩党は票を伸ばし、その結果国の全当選者に占める女性は三九・四％から三六・四％に落ちた。[1] その進歩党が、今回はリストの女性を三七・五％にまで増やした。さらに、党規約にあった「チェアマン」という男性を指す用語を廃止して「パーティ・リーダー」という性に中立な用語に改正した。ベリット・オースがチェアマンを「パーティ・リーダー」に改正したのは一九七三年だから、進歩党は三六年かけてベリット・オースに追いついた。

女性党首シーヴ・ヤンセンは、今回、女性有権者に接近する戦術をとった。[2] 曾祖母はベッツィ・ヒェルズバルグ（一八六六－一九五〇）といって、左翼の女性解放運動闘士として知られる女性参政権運動家だった。ドラーメン市議会議員、自由党中央本部幹部も務めた。[3]

ハンネ＝マッテ・ナルッド教授（オスロ市 2009）

ベッツィ・ヒェルズバルグが所属していた自由党はヴェンストレ（左）といい、「左翼党」が正式名称だ。一二五年以上を経た今日、その左翼の闘士の曾孫が、ノルウェー政党で最も右よりの進歩党の党首となって、大勢の男性党員を前に曾祖母にあたる女性闘士の話を披露した。女性を味方につけないと選挙に勝利できない、と考えたのだろう。

ハンネ＝マッテ・ナルッド教授は、続けた。

「それでも、女性は進歩党支持にはまわりませんでした。今回の投票結果を詳細に見ると、進歩党に入れた女性票は男性票の二分の一。その逆は左派社会党で、女性票は男性票の二倍でした」

●一六九議席に三六八八人も立候補

ノルウェーの選挙は比例代表制だ。有権者は候補者個人ではなくて、支持する政党を選ぶ。政党が獲得した票数で、その政党から何人当選するかが決まる。

一八歳になったら、投票だけでなく立候補もできる。今年は、国会の一六九議席に三六八八人もが立候補した。これは、同時期にあった日本の衆院選での四八〇議席への立候補者一三六九人と大きく違う。議席は三分の一なのに候補者数は三倍近い。女性の立候補者数も両国では大きく異なる。ノルウェーの女性立候補数は一五五七人で、全体の四二％だった。日本の女性は二二九人で、全体のわずか一七％にすぎない。

ノルウェーでは、議席が全国一九県選挙区に振り分けられ、政党はみな、その県の定数以上の候補者をリストに登載しなくてはならない。たとえば定数一七議席のオスロ市。どの政党の候補者リストを見ても、二〇人前後の候補者が一番、二番……と番号をつけられて並んでいる。

市議会選挙となると、候補者は六万人以上だ(4)。同時に行われる県会議員選挙に立候補する約七〇〇〇人と合わせると、七万人近い！　二〇〇九年秋、ノルウェーの女友だち四人でコンサートを聴いた後お茶を飲んだ。その四人中三人が選挙に出たことがあるという。一人は、「ええ、私は赤党です。選挙候補リストに名前を載せましたよ」と明るく言った。赤党は極左と称される政党だ。

●平等性を大事にした選挙候補者リスト

今回の国政選挙での労働党のオスロ選挙区候補者リストを見てみよう。

オスロ市の定数は一七議席だが、最高六人を上乗せできるので、合計二三人の名が並ぶ。その理由を、オスロ大学政治学部トール・ビョルクルンド教授は「数が多ければそれだけ社会的、地域的に幅広く候補者を並べることができるから、目いっぱいの候補を載せるのでしょう」という。リストの一番は現首相・党首で男性。二番は国会議員の女性。三番はオスロ労働党代表で男性。四番は現外相で男性。五、六、

Det norske Arbeiderpartis liste
ved stortingsvalget i Oslo mandag 14. sept. 2009

DnA

Nr.	Kandidater ved stortingsvalget:		Stryk
1	Jens Stoltenberg	Bydel Frogner - f. 1959	□
2	Marit Nybakk	Bydel Frogner - f. 1947	□
3	Jan Bøhler	Bydel Østensjø - f. 1952	□
4	Jonas Gahr Støre	Bydel Vestre Aker - f. 1960	□
5	Marianne Marthinsen	Bydel Grünerløkka - f. 1980	□
6	Hadia Tajik	Kommune Stavanger - f. 1983	□
7	Håkon Haugli	Bydel Gamle Oslo - f. 1969	□
8	Truls Wickholm	Bydel Sagene - f. 1978	□
9	Karin Yrvin	Bydel Gamle Oslo - f. 1970	□
10	Lotte Grepp Knutsen	Bydel Ullern - f. 1973	□
11	Khalid Mahmood	Bydel Østensjø - f. 1959	□
12	Siri Gåsemyr Staalesen	Bydel Søndre Nordstrand - f. 1973	□
13	Ivar Leveraas	Bydel Søndre Nordstrand - f. 1939	□
14	Gro Bratteli Jamholt	Bydel Gamle Oslo - f. 1976	□
15	Olav Magnar Tønsberg	Bydel Alna - f. 1948	□
16	Karima Abd-Daif	Bydel Grorud - f. 1965	□
17	Ivar Christiansen	Bydel Nordre Aker - f. 1949	□
18	Rupinder Kaur Bains	Bydel Søndre Nordstrand - f. 1961	□
19	Rodi Ilgen	Bydel Bjerke - f. 1954	□
20	Gro Tvedt Anderssen	Bydel Bjerke - f. 1975	□
21	Balasingham Yogarajah	Bydel Østensjø - f. 1963	□
22	Julie Lødrup	Bydel Frogner - f. 1983	□
23	Rune Gerhardsen	Bydel Nordstrand - f. 1946	□

BRETT HER

01415292

2009年オスロ選挙区労働党候補者リスト。これがそのまま投票用紙に。１番から23番までの候補者の順番を変えたい時は、左端の空白に番号を書く。削除したい候補者にはその右側の空白に×を書く

九、一〇、一二、一四、一六、一八、二〇番が女性で、ほかは男性だ。二三人の男女比はほぼ半々であった。

平等なのは性だけではない。民族や肌の色による差別のない社会づくりを掲げる労働党としては、六番と一一番にパキスタン出身、一六番にモロッコ出身、一八番にインド出身、一九番にトルコ出身の候補を立てた。いわゆる移民出身者は私の見た限り五人だ。多様な候補者をそろえないと、「バランスに欠けて民主的でない」と見られるのだという。

世襲議員の多い日本とは、なんという違いだろう。

日本の選挙風景に慣れている私は、投票用紙は投票所でないと手に入らない貴重品だと思ってしまう。ところがノルウェーの投票用紙は候補者リストそのもので、選挙区ごとに大量に印刷されて投票前に大量にばら撒かれる。だから、手軽に何枚でも手に入る。インターネット時代の今では、パソコンで全政党の候補者リストがクリック一つで見られるようにもなっている。

●候補者の負担は一円もない

政党は、選挙の年の三月末までに、各選挙区で定数以上の候補者を決めて、選挙管理委員会に提出しなくてはならない。小政党はさぞかしリストづくりが大変だろうと思ってしまうが、実は、これぞと目星をつけた人を、その人の承諾なしに候補者リストに登載することもできる。選挙法には「最高裁判所判事など断ることのできる人」以外は、断ってはならないと定めてあるのだ。実際には、前もって承諾を得てから載せるとは聞くが、これなら立候補者探しに苦労はない。

政党や政治団体は、各県の選挙管理委員会に候補者リストと政党規約文書を届けるだけでよい。応募条件は、前の選挙において国全体で五〇〇〇票以上、当該県で五〇〇票を獲得していること。新しく挑戦する政党や政治団体の場合は、その県の住民五〇〇人以上の署名をつけて申請すればよい。実にハードルが低い。今年は二三党が挑戦した。こんな背景には、個人も政党もお金を一円も負担しなくてよいことがある。

日本では、国会議員に立候補するには、何百万円の供託金を選挙管理委員会に納めなくてはならない。これでは、安い賃金、不安定な雇用条件で働く女性や若者が、気軽に立候補できるはずもない。

●政党党首が一人でチラシ配り

投票日（九月一四日）の朝、一人の女性が、投票所となっているオスロ市庁舎の前で通行人にチラシを手渡していた。私も受け取った。候補者リストだった。「何をしているの？」と尋ねると、「私はグリーン・パーティのスポークスパーソンです。前回はダメだったのですが一議席ほしいので、こうして最後のお願いをしています。もう選挙運動はできないけれど、リストを渡すことはできますので」という。そして、「グリーン・パーティを知っていますか。ノルウェー国会には議席がないけれど、ヨーロッパ全体を見れば力があるんですよ。ドイツ、イギリス、

候補者リストを配るグリーン・パーティ党首（オスロ市庁舎前 2009.9.14）

2009年国政選挙政党別・性別当選者数（候補者数）

政党	女性	男性	合計	女性の割合%
労働党	32 (138)	32 (141)	64 (279)	50 (49.5)
左派社会党	3 (144)	8 (138)	11 (282)	27.3 (51.1)
中央党	7 (139)	4 (144)	11 (283)	63.6 (49.1)
保守党	9 (125)	21 (157)	30 (282)	30 (44.3)
キリスト教民主党	4 (134)	6 (143)	10 (277)	40 (48.4)
自由党	2 (140)	0 (142)	2 (282)	100 (49.6)
進歩党	9 (106)	32 (177)	41 (283)	22 (37.5)
合計	66 (1,557)	103 (2,131)	169 (3,688)	39.1 (42.2)

出所：ノルウェー中央統計局、ノルウェー国営放送の情報をもとに筆者作成

フランス、EUでも議員を出しています」。

「ところで、あなたは誰ですか？」と聞くと、持っていたリストの一番目を指さして「これですよ」と笑った。そこには「ハンナ・マルクッセン、住所サーゲネ、一九七七年生まれ」と記されていた。

グリーン・パーティは、他党でいう党首ポストの名称を使わない。実質的な党首にあたる人はスポークスパーソンと称するのだそうだ。ノルウェーでこの党が伸びないのは、環境問題のお株を既成各党に奪われているからだ。

●選挙運動は何でもあり

選挙運動期間は、とくにいつからとは決まってはいない。戸別訪問、ビラまき、集会など旧来タイプの運動に加え、インターネットや携帯メールなど運動は多種多様だ。ないのは、あの日本流のスピーカーをつけた宣伝カーによる超ウルサイ連呼ぐらいだろうか。中央党の幹部をしている友人は、朝から晩まで携帯電話やメールで支持を呼びかけていた。テレビによる討論会も多い。投票日が近づくと、全国の自治体の繁

華街に、政党別の選挙テントが設営される。そのテントのそばで、党員が政治課題にどう取り組むかを書いた政党パンフレットや候補者リストを手渡しながら、支持を呼びかける。

二〇〇五年の選挙では保育問題が争点だった。「すべての子どもが入れるだけの保育園の増設」を主張した中道左派政党が政権をとって、今日、保育園問題はほぼ解決した。今回もそれに似て、一番の争点は「高齢者サービス」など生活関連分野であった。

2　髭と賃上げ

●ナースステーションで党首会議

ノルウェー国政選挙投票日が二日後に迫った二〇〇九年九月一二日。アフテンポステン紙をめくっていた私に、見開き全面を使った大きな広告が飛び込んできた。主要八政党の全党首が、ナースステーションらしき場所で公約を述べている合成写真だった。政党党首がそろって病院に視察に来て、会議をしているかのような風景だった。

白衣の看護師の質問「性差別賃金を減らす具体策は何ですか。いつ、それを実行しますか？」が、大見出しになっていた。広告主はノルウェー看護協会であった。

アフテンポステン紙のその手前のページもカラーの全面広告で、こちらは青い制服を着た女性介護士が大写しになっていた。女性の介護士の「私は、自分の仕事が脅かされるような投票はしません」という台詞が、大見出しになっていた。そして本文で「私は仕事を守るために九月一四日の一票を使います。あなたもあなたの仕事を愛しているなら、そうしましょう」と呼びかける。「労働時間の増加や正規職員の減少を画策する改悪勢力に待ったをかけるのは赤緑連合です」とも語りかける。この広告主は公務員組合だった。こうした広告を打った背景には、公務員削減や病院・高齢者施設の民営化を唱える進歩党の人気に、関係組合が危機感を募らせたという事情がある。

今回の選挙の最大の争点の一つは、「高齢者サービス」だった。この業界は女性が多い職場でもあることから、男女賃金格差や男女労働条件格差をどう改善するかに議論がしぼられた。

〝ナースステーション党首会議〟の広告を作成したノルウェー看護協会に取材を申し込んだ。オスロ中央駅近くのオフィスに出向くと、「ハーイ！」とTシャツの男性が現れた。キャンペーン担当のトールゲイル・K・フィルケスネスだった。

●リーケルンとは

「ノルウェーでは、同一価値労働同一賃金をリーケルン Likelønn 闘争と呼びます。このリーケルン闘争は僕にとってきわめてチャレンジングな仕事です。ノルウェー全体で見ると、女性の賃金は男性の八五%です。馬鹿げています。高校卒業後、三年間、看護学の教育を受けた女性と、三年間、技術を学んだ男性を比べた統計があるのですが、初めから、女性群のほうが低賃金なのです」

リーケルン Likelønn とは、同一（リーケ like）と賃金（ルン lønn）を合わせたノルウェー語で、「同一価値労働同一賃金」を指す。

たとえば、秘書（女性が多い）と警備員（男性が多い）のように全く異なる職種でも、仕事の価値が同程度と見なされれば同一の賃金を支払うことを意味する。仕事内容を責任の重さや精神的負担などに応じて点数化して、同じ点数の仕事なら、これを同一価値労働という。世の中の諸々の職場をこの方法で査定し直すと、女性の多い職場が男性の多い職場より賃金が低い、という傾向がはっきり見て取れる。おそらく日本もそうだろう。

●軽く見られる命を預かる仕事

看護協会職員のトールゲイルは、熱っぽく続けた。

「さらに馬鹿げたことに、看護職の賃金は全職業を一〇〇とすると七九です。看護職内では男女は全く同一賃金です。看護職そのものの賃金が低いのは、看護職に女性が圧倒的に多いからです。人の命を預かる仕事が、機械をいじったり、土木工事をしたり、お金を動かしたりする仕事より価値が低く見られている。ここが大問題なのです」

彼の話す言葉には力があり、わかりやすい。ジャーナリストだったという。

「政府から報告書も出ましたので、今やただちに実現するべき時が来たのです。どの政党もこの運動にはもはや反対はできません。『私は賛成だ、でも実現には時間がかかる』などとモタモタしている時も過ぎました。今秋の選挙後、政府には四年間で男女同一賃金を実現させる、これが私たちの運

「髭の女性」ポスターが並ぶウィンドー（オスロ市 2009）

動です」

　メディアも好意的だ。ある新聞は、「全国調査によると、男性の半数は男女賃金格差是正のためなら男性の賃金が下がることもやむをえない、といい、男性の一〇人中八人は男女賃金格差是正ための女性の賃上げに好意的な回答」と大きく報道する。

「私たち看護協会は、選挙争点がぼやけがちな二〇〇九年の国政選挙で、『リーケルン』を選挙の最大の争点にしようと決めて、闘ってきました。まず今春、髭をつけた女性のポスターを作成し、国じゅうに貼りまくりました。ポスター作戦第一弾です。そして、このナースステーションでの党首会議の合成写真は、ポスター第二弾です」

　髭をつけた女性のポスターについては後述する。

一九世紀に始まった賃金闘争

　同一価値労働同一賃金は、何十年も前から働く女性たちの重要な運動テーマであった。ノルウェーの女性史を読むと、一八九八年という大昔に、低賃金を改善せよと国会に陳情した女性たちがいる。現在のテレノールの前身ノルウェー電報公社の女性職員たちだ。当時、電報公社で働く女性の賃金は、男性のちょうど半分でしかなかった。それに怒った女性たちは「まともな賃金を」と主張した。「男性と同じ賃金を」では過激すぎると言われるのを心配して、そう言えなかったのだ(5)。案の定、電報公社代表の男性は猛反対で、「込み入った電報の器具を扱う職場では、女性は期待されたことをできない」とわけのわからないことを言った。

私も高校教員をしていたころ、卒業生を募集する企業から送られてきた募集要項を見て驚いた。同じ企業の同じ職種にもかかわらず、男性のほうが女性より初任給で五〇〇〇円以上も高かった。私は、女子高生が男子高生より能力が低いとか責任感がないとかは絶対ありえないことを、日々の教室で知っていた。女に生まれたというだけで、仕事をする前から安く値踏みされているのだ。これを怒らずにいられようか。

●男女平等オンブッドも乗り出す

イングセ・スターベル
男女平等オンブッド
（男女平等オンブッド室1991）

五二ページにあるように、ノルウェーには女性の地位向上と性差別撤廃のために働く男女平等オンブッド（現在は平等・反差別オンブッド）がいる。男女平等オンブッドは、すでに九〇年代初めから、リーケルンつまり同一価値労働同一賃金にしようと動いていた。

一九九一年夏、私は男女平等オンブッドのイングセ・スターベルを取材した。弁護士の彼女は、エヴァ・コルスタの後の二代目男女平等オンブッドだった。大きなイヤリングをつけ白と黒のセーターにミニスカートというスタイリッシュな姿で、私の前に現れた。拙著『桃色の権力――世界の女たちは政治を変える』（三省堂、一九九二年）の「スターベルさんに聞く」から、リーケルンに関する部分を引用する。(6)

私　オンブッドの仕事をなさっていて、男女平等の達成に、最も障害となっているのは何だとお考えですか。

スターベル　性による賃金格差です。この差が、女性の経済的自立を困難にしているのです。

私　なぜ、男女で賃金に差があるのでしょうか。

スターベル　男女で、職場がくっきりと分離しているからだと思いますよ。そして男性のしてきた仕事は社会的に優位にあり、女性の仕事は劣位にあるからです。

私　それをなくすには……。

スターベル　いま、スウェーデン、アイスランド、デンマーク、フィンランドと共同で研究をしています。「ノルディック・コープ（北欧協同行動）」というものです。

私　男女平等のための国際共同研究ですか。すばらしいですね。

スターベル　外交と防衛を除くすべての政策を、北欧五カ国で歩調を合わせて取り組んでいます。今回のプロジェクトは、男女平等の雇用、とくに女性の雇用で、一九九三年までの研究です。ここの（男女平等オンブッドの）事務所の一室でも、政府から資金を受けた研究員が、男女同一価値労働同一賃金のために働いています。ねらいは、どうしたら女性の賃金をアップさせることができるかです。

私　ノルウェーでも新しい賃金算定表をつくり、女性の賃金を査定し直す試みをとろうとしているのでしょうか。カナダやアメリカの一部で、もう試みられていますよね。

スターベル　それらと同じではありません。カナダにはここの研究員も調査研究に行き、参考にしていますけど。カナダのコンパラブル・ワース（同一価値労働同一賃金）の方法は、査定した後、女性の賃金の不足分を企業が支払うものです。ノルウェーには直接応用できません。コストがかかりすぎるのです。

今年スタートしたばかりですから、まだ何も固まっていません。でも、こういうプロジェクトが政府予算で始まると、世論の関心がそこに集まるという効果は出ています。労使の賃金交渉に女性労働者の主張が通るようになりましたし、労働組合は女性の低賃金を改善することを重要な優先課題にし始めました。

私　すごい効果ですね。

スターベル　平等への最大の障害は男女の賃金格差です。それをなんとかしなくては、と政府も乗り出したのです。

イングセ・スターベルは、一九七〇年、妊娠中絶合法化運動にも加わった「フェミニスト法律家」だ。[7]私が取材したころの彼女は、女性を下位に置いてきた最大の障壁は男女賃金格差であると位置づ

ストで賃上げを勝ち取ったコックさんたち。メーデーは彼女たちが主役（オスロ市 1996）

けて、リーケルン（同一価値労働同一賃金）に取り組み、男女平等法を改正させようと頑張っていた。インタビュー時の私のメモには彼女の印象について「怒っている。いら立ちを体全体に表している」とある。彼女がいら立っていたのは、「最大の障壁」に取り組んでいる真っ最中だったからだろう。ちなみに、彼女が男女平等オンブッドに就任している間には、法律改正はなかった。

スターベルが参考にしたというカナダの取り組みは、森ます美教授（昭和女子大学）の解説がわかりやすい。

「看護師と技術者のように異なる職種・職務であっても、労働の価値が同一または同等であれば、その労働に従事する労働者に、性の違いにかかわらず同一の賃金を支払うことを求める原則である。異なる職種・職務の価値を比較する手段は職務分析、職務評価制度であり、性に中立な職務評価ファクターと評価方法の採用が重要なカギを握っている。この原則に関する最も先進的な立法と評価されるカナダ・オンタリオ州のペイ・エクイティ法は、職務評価ファクターとして『知識・技能』(skill)、『精神的・肉体的負荷』(effort)、『責任』(responsibility)、『労働環境』(working conditions) の四要素を法で定め、各要素に含まれるサブファクターについては、個々の職場の職務内容を反映させて独自に選択することを労使の裁量に委ねている」

リーケルンを掲げたホテル従業員のストをオスロで取材したことがある。

一九九六年のメーデーの直前だった。ストを組織したのは、産業別労働組合の一つ「ホテル・レストラン労組」で組合員一万五〇〇〇人。その八割以上が女性で、ウェートレス、コック、メード、受付、皿洗いなどだ。厳しい労働条件にもかかわらず、平均年収約一五万二〇〇〇クローネ（約三〇〇万円、当時）以下。他産業の平均年収は約二〇万クローネ（約四〇〇万円）だから、差は歴然だった。

「ホテル・レストラン労組」書記長ビョルンに取材した。組合大会で女性の多い職種の賃上げを目標に決め、労使交渉に臨んだ。労組側の要求が拒否された。一三日間のストの結果、労組側が勝ち、年間約七％、一万クローネ（約二〇万円）の賃上げを経営陣にのませた。経営者側は「組合が低賃金の職域をターゲットにしてきたので、交渉が難しかった」と語った。低賃金層のほとんどが女性だったため、男女平等法の「性による格差は違法」に抵触したのだ。

一九九六年五月一日のメーデーは、「ホテル・レストラン労組」の女性たちが主役だった。日本の連合にあたる労働組合総連合ＬＯも、「ホテル・レストラン労組」のストを女性の多い職場の賃金交渉のモデルと位置づけて支援した。ＬＯ幹部のニーナは言った。

「組合が最も低い賃金の人たちの賃上げを最重要課題に決めて、ストまでしたのはすばらしいことです。その結果、メディアが大きく取り上げ、最低賃金で働く人たちは女であることを、社会に示すことになりました」

●政府のリーケルン委員会

ノルウェー政府が同一価値労働同一賃金に真正面から取り組んだのは二〇〇六年になってからだった。男女平等オンブッドが取り上げてから一五年、「ホテル・レストラン労組」がストを打ってから一〇年が経っていた。

二〇〇六年、政府内に「リーケルン委員会」が創設された。EU加盟反対運動で名をはせたアンネ・エンゲル中央党元党首が委員長になった。彼女は看護師出身だった。二年かけて格差の実態調査が行われた。提言は、「公務員の中で女性が極端に多い職場の賃上げのために三〇億クローネ（四五〇億円）の特別予算を組むことが先決」と実に具体的だった。

こうした動きが、ノルウェー看護協会の今回の運動に発展していった。

●ポスター作戦第一弾「髭をつけた女性」

ノルウェー看護協会は国政選挙を射程に入れて、「リーケルン闘争」特別班をつくり、二〇〇九年春からポスター作戦に打って出た。第一弾は、横一文字の髭をつけた女性看護師が意味ありげな笑みを浮かべたデザインだ（表紙カバー）。ポスターの女性は「ひと筆で格差を減らせますよ」と語る。髭は男の象徴で、「髭のあるなしでこんな格差があっていいのか」と訴えている。

看護協会は、この髭のポスターをあらゆる駅や公共機関に貼り、新聞雑誌やインターネットの広告にも使った。三月八日の国際女性デーには、冷たい雨の中、女性たちが鼻の下に髭をつけて「男女同一価値労働同一賃金を」と練り歩いた。ホームページでは、ポスターと同様の横一文字の髭をつけた著名人多数に「リーケルンを支持します」と言わせた。

横一文字の墨の筆でサッと書けて簡単なこと、シンプルな割に目立つこと、子どもの落書きのように見えて笑いをさそうこと。髭キャンペーンは大当たりだった。町からポスターが次々に消えた。市民に持ち去られる現象が起きたのだ。この作戦には、三〇〇万クローネ（約四五〇〇万円）が投じられた。

●第二弾「ナースステーション党首会議」

そして投票の前々日、冒頭に紹介した〝ナースステーション党首会議〟の意見広告が新聞紙上に現れた。キャンペーン第二弾だった。看護協会はこれに一五〇万クローネ（約二二五〇万円）を投じた。広告は発行部数が一位と二位の全国紙、および主要地方紙に載った。

〝ナースステーション党首会議〟の中で、八人の党首は「性差別賃金を減らす具体策は何ですか。いつ、それを実行しますか？」に対して、次のような回答を寄せている。八党は、主要政党七党に、地方議会に議席を持っていて国会に一議席を送る可能性がある赤党を加えたものだ。（発言順は写真の左から右へ。翻訳・要約は筆者）

自由党「介護・看護に関わる職業の人たちの賃金を増額したい」

左派社会党「二〇一〇年の賃金査定は女性中心でいく。男女平等賃金特別枠を実行する」

投票日前の新聞広告「ナースステーション党首会議」（ノルウェー看護協会提供）

赤党「二〇一〇年の国家予算に男女平等賃金特別枠を取り入れる」

進歩党「政権獲得の暁には最初の一〇〇日で公務員の女性職員の賃上げに取り組む」

保守党「公務員の賃上げを目指し能力を重視する」

労働党「二〇一〇年に男女賃金格差是正を含めた低賃金解消の予算を組む」

中央党「四年間の任期中に男女平等賃金特別枠導入に取り組む」

キリスト教民主党「男女平等賃金特別枠に取り組む政権を支持する」

党首が口にしている〝男女平等賃金特別枠〟とは、「男性一〇〇に対し女性八五という現在の男女賃金格差を解消するための三〇億ノルウェークローネ（約四五〇億円）の予算枠」を指す。二〇〇八年、国のリーケルン委員会が男女賃金格差解消のために提唱した。格差解消額を三〇億クローネと具体的に提示したことに、私は政府のやる気を感じた。

でもノルウェー女性の反応は、私のように甘くはなかった。二〇〇八年当時の新聞は、「三〇億クローネはネズミのおしっこにすぎない」と介護職の女性に言わせてリーケルン委員会の勧告を批判する意見を載せた（ダグスアビーセン紙）[8]。ある新聞は、「男女賃金格差が解消されないのは、ボンディヴィーク保守中道内閣が『男女平等オンブッド』の名を『平等・反差別オンブッド』に代えたためだ。これで、男女平等への推進力が鈍った」という労働組合女性幹部の怒りの声を載せた[9]。

●女性が支える福祉社会

こうした女性たちの怒りの世論を背景に、看護協会のリズベス・ノーマン代表はホームページでこう呼びかけた。

「ノルウェーは質の高い福祉の国として国際的に知られています。その福祉を背負っているのは女性労働者です。しかしこれまでの政党は、男女賃金格差解消を優先政策に掲げませんでした。二〇〇九年の選挙で高齢者サービスが最優先の選挙課題となったのを機に、私たちは、男女賃金格差はあってはならないと主張しました。政党によっては非常に具体的な実行策まで明言しています。有権者の賢明な判断を期待します」

リーケルン（同一価値労働同一賃金）という男女平等問題の根幹を国政選挙の争点にしたのは、立派というしかない。

二〇〇九年の国政選挙は、赤緑政権が勝利した。

前述したように、進歩党は、女性の党首が女性の地位向上に取り組んだ彼女の曾祖母の歴史を紹介しながら、男女平等賃金解消を約束し、女性票の取り込みに励んだ。しかし、ノルウェーの女性たちは、進歩党の主張してきた極端な民営化路線と「女性の賃金を上げる約束」の間に矛盾の臭いをかぎとったようなのである。

選挙が終わった日、キャンペーンを主導したノルウェー看護協会をもう一度訪ねた。責任者トールゲイルは、もう第三弾を準備していた。

「ナースステーション党首会議の新聞広告をポスター大に印刷して立派な額に入れ、全政党党首に送ります。『選挙で国民に約束した言葉を実行してください』という丁寧な手紙をつけてね。もちろん、看護協会傘下の全病院や施設にも配布し、四年間、目立つところに貼ってもらいます。ノルウェーがどう変わったかを、また取材に来てくださいね」

●日本は男性一〇〇・女性六六

ノルウェーの男女賃金格差は一〇〇対八五。日本に比べればはるかに男女平等が進んでいる。とは言え、ノルウェー女性から見れば許しがたい格差だ。

一方、日本女性の賃金は、男性一〇〇に対し六六。これは正職員に限ったもので、パートなど非正規を入れると五〇程度だろう。二〇〇九年、日本のひとり親の「貧困率」はＯＥＣＤ三〇か国中最悪、という結果が出たが、これは、ひとり親の九割近くを占めるシングルマザーすなわち女性の賃金が低いからだ。日本こそ、同一価値労働同一賃金に向けての具体策を作成して、男女賃金格差是正を最優先で実行するべきなのだ。

日本の現実に対し、ＩＬＯは日本政府に何度も是正を勧告してきた。二〇〇九年八月には国連女性差別撤廃委員会も「日本は、ＩＬＯ一〇〇号条約にもとづく同一価値労働同一賃金の原則が労働基準法に欠けている。よって、労働の場における男女の実質的平等を確保することを優先的に取り組むよう要請する」と勧告した。

しかし、政府が具体的解消策に乗り出した形跡はない。

3　小さな地方の大きな役割

●牛の放牧業は女性の仕事

ノルウェーには一九の県と四三〇の市がある。オスロのような人口五八万人の県（市でもある）がある一方で、二〇万人に満たない県が八県もある。最北端のフィンマルク県はわずか七万人だ。市についても、五万人以上はわずか一〇市しかなく、四割近くが三〇〇〇人以下だ。ウトシラ市のように二二三人という超ミニ市もある。しかし、人口が少なくても決して存在感を失わないところがノルウェー的である。選挙になると、こうした小さな市が大きな力を発揮する。

ノルウェー南東部にあるヘードマルク県を例に、地方が国政選挙にどう関わり、どう力を及ぼすかを見てみる。

ヘードマルク県は人口約一九万人。スウェーデンと長い国境で接した農林業中心の土地だ。牧畜業者が多く、夏になると羊や牛の群れの放牧風景によく出あう。私が二〇〇九年夏に訪れたトルガ市は人口わずか一六〇〇人。ヘードマルク県内の北の奥にあり、電車だとオスロからトルガ駅まで五時間ぐらいかかる。ところどころに広い牧草地があったり、妖精が出てきそうな深い森があったりする。

そのトルガ市で牛を放牧し乳搾りをしている女性に、会いに行った。女性の仕事のほとんどは第三次産業だが、ノルウェーらしい第一次産業に従事する女性の生活を見たかったのだ。

友人は私を、その女性のセーテル[10]と呼ばれる小屋まで案内してくれた。セーテルは、牛の放牧業に使われる夏季だけの丸太小屋だ。旅の途中、道路をのっそりのっそりと横切る何十頭もの放牧牛に出会った。牛がすべて横切るまで、車の運転を止めなければならなかった。セーテルの主は、グレーテ・ブッティングスルードという女性だった。グレーテの仕事は牛飼いで、ノルウェー語でブダイエと呼ばれる。古くから女性の職業とされ、夏はセーテルに寝泊りして、牛の放牧と、乳搾り、チーズつくりをするのだ。私が訪ねたとき、牛は山々に放牧され、セーテル周辺の牧場には一頭も見当たらなかった。

今、そのあたりの農家は深刻な後継者不足に直面している。グレーテの家も同様だが、牛のためだけでなく、環境保護や農家の伝統料理や文化の保存のためにも、ギリギリまでセーテルを維持し、牛飼いを頑張り続けたい、と言った。

アグリツーリズムにも関心があるようで、「伝統的な農家のセーテルで、ブダイエ（私）といっしょに牛の放牧や乳しぼりなど農業体験をしたい日本人はいないかしら」と言った。

●「女性に投票せよ」の絵

野草からつくったホームメードのお菓子やジャムを頂戴しながらの楽しいひとときが過ぎた。「では、さようなら」とドアの前で挨拶した私の目に、一枚の絵が飛び込んできた。壁際のベッドの上に掲げられていたその絵には、投票用紙を投票箱に入れる寸前の女性が描かれていた。投票箱の上には、メスのトロル（尻尾のある妖精）が怒りの♀マークを手に掲げて立っている。スローガンいわく。

「女性に投票せよ！」

女性運動に関わりの深いノルウェー語なら、私にも多少わかる。

「この絵は女性議員を増やすためのキャンペーンじゃないかしら？」と聞いたら、「そうですよ。よく知ってますね。たしか一九八〇年ごろかしら……。そのときから、フレームに入れて、ずっとここに掛けています」と言う。

80年代の「女の選挙キャンペーン」の絵（トルガ市2009）

それまで、私たちの会話を黙って聞いているだけで、自分から話すことのなかったお連れ合いも話に入ってきた。

「ベリット・オースという女性を知っていますか。彼女が運動の中心にいました。実は、僕の母親はベリットの友人で、一九七〇年当時、いっしょに女性議員を増やす運動をしたのです。僕も参加しました」

私がベリット・オースと知り合いだと言ったら話がはずんでしまい、トルガ市恒例の野外劇に行く時間が少し遅れた。

その夜、泊まった宿の女主人に、「女性に投票せよ！」の絵が貼ってあったセーテルのことを話した。すると、「私はトルガ市の市議会議員でした。県会議員もしました。女性議員は、もっと増やさないとね」と言った。

山だらけと言ってもいい人口一六〇〇人の小村トルガの夏の小屋（セーテル）に、「女の選挙キャンペーン」（四七ページ）の証を見つけた。あのベリット・オースの女性運動は本物だったのだ、と思ったら、あらためて感動がわいてきた。

●のどかな選挙運動

ヘードマルク県にはトルガ市を含めて二二の市があり、国会議員の定数は八議席だ。

国政選挙寸前の二〇〇九年九月一二日、ヘードマルク県から出る全候補者が集まっての最後の選挙キャンペーンがあった。場所は、県庁所在地ハーマル市（二万八〇〇〇人）でも、第二の都市エルブルム市（二万人）でもなかった。ルーテン市という人口七〇〇〇人あまりの小さな市だった。
市の繁華街は青空市となっていた。八百屋、パン屋、雑貨屋……グレーテがセーテルでつくってい
たチーズを商う店もあった。頭からつま先まで黒のベールで覆ったイスラム女性が、その場でつくっ
たお菓子を売る店もあった。通行人に交じって馬車も繰り出され、子どもたちは大喜びだ。

政党ごとに並ぶ選挙テント（右側）（ルーテン市 2009）

露天の店に溶け込むように、政党の選挙テントが並んでいた。労働党屋、中央党屋……とでも呼びたい風景だった。政党屋さんの売り物は、「選挙公約」だ。公約パンフにはおまけも付く。労働党屋さんは赤いバラ、中央党屋さんはもぎたての人参、自由党屋さんはマッチ、保守党屋さんは白いバラ。

労働党のテントの前でこちらを見てニコニコしているTシャツ姿の女性がいる。「こんにちは、日本から来ました」と言うと、「わが市にウェルカム！」「労働党の運動員の方?」「フフフ、私はルーテン市の市長です」。

ベンテ・エーリン・リッレウークセット。三四歳。二四歳から市議会議員をしているという。

道路の向こうでは赤いセーター姿の男性が、赤いバラを配っていた。テレビによく出る人気者の法務大臣クヌート・ストールベルゲだった。政治が身近だということは、こういうことな

ルーテン市 34 歳市長（ルーテン市 2009）

のだと感心しながら、カメラのシャッターを切った。

しばらくして、買い物客や散歩途中の通行人の足は、野外舞台をしつらえた広場に向かった。「これから国会議員候補者が最後の演説をしまーす」と誰かが叫んだ。さきほど見た法務大臣を左端に各政党の候補者六人が並んでいた。司会者がジョークを飛ばし、全政党の候補者が大いに笑って、討論の火ぶたが切られた。

●当選者八人中、女性は三人

二日後の九月一四日の選挙で、ヘードマルク県は労働党四、中央党一、左派社会党一、保守党一、進歩党一が当選した。うち女性は三人だった。

この八人が、四年間、オスロにある国会議事堂の議席に座る。日本の国会の椅子は、政党ごとにまとまっているが、ノルウェーは選挙区ごとだ。ヘードマルク県の議席は八人でまとまっているので、国会内で超党派的な情報交換ができる。

労働党の候補者リストの一番目は、ルーテン市で赤いバラを配っていた法務大臣だった。労働党からの当選者は四人だが、他党からは一人ずつだった。ということは、労働党以外で国会議員をめざすなら、党内候補者リストの一番目でなければならない。当選した女性の三人は、労働党リストの二番目と四番目、左派社会党リストの一番目だった。中央党、保守党、進歩党の当選者に女性がいなかったのは、一番目を男性にとられたからだ。

どの政党から何人当選するかは、長年の投票動向を見ればだいたい予想がつく。だから、比例代表制の候補者にとって最も大事な場は、候補者リストの何番目に登載されるか、を決める政党県候補補者選定会議だ。ほとんどの政党から一人は当選するため、各政党の最大の問題は、一番目に誰を置くか、だ。

この選定会議の方法は「選挙候補法」[11]という法律で決められている。「選挙候補法」について書いた拙著、『男を消せ！』を読み直してみる。

まず各政党は、選挙の一年ほど前になると、県内のすべての市で開かれる「市の政党会議」で何人かの推薦候補を決める。市の政党会議のメンバーは、主に現職や元職の市議会議員だ。そこで決定された推薦リストを「県の選定委員会」にかける。県の選定委員会は、県内の全市から上がってきた推薦リストをたたき台にして、県候補者リスト案をつくる。そして最後に、「県の候補者選定会議」を開く。

この最終決定の場の代議員数は、前回の選挙で各市が獲得した票数に従って厳密に決められる。一五〇票で一名、一五一票から一九〇〇票までは二五〇名ごとに一名……。その代議員による「県の候補者選定会議」が、党リストを確定する場となる。

最初のステージである市の政党会議が、リスト作成では最も大事な場になる。そこでは、自薦他薦の候補者をいろいろな角度から吟味しながらリストがつくられる。そのバロメーターの第一は政党への忠誠心だが、性、居住地、職業、年齢などに偏りが少ないような配慮もされる。政党への忠誠心は、

牛にあいさつするオーレ・グスタヴ・ナルッド市長（オーモット市 2009）

どんな国の政党でも重んじることだろうが、ノルウェーの特徴は、男女が半々近くになるように、特定の住所に偏らないように、同じ職業がダブらないように、との配慮が働くことだ。

こうして見ると、ノルウェーの国会議員候補者は、県の政党会議が決めるとはいっても、実際には市の政党組織がイニシアティブを握っていることがわかる。政党の中央本部の意向や国会の重鎮の鶴の一声で決まるようなことはない。たとえ国会議員を選ぶということであっても、中央から地方政党への干渉は、激しい反発を食う[12]。

女性に関しては、二〇〇九年の選挙を見る限り、進歩党を除く全政党が全体の四〇％以上を女性にして、ほぼ男女交互に並べた。昔は「とりあえず一人は政党女性部の代表を」だったが、今では「人口の半分を占める性の代表を」という考えがすっかり定着した。

地方議会選挙の場合は、改正「地方自治法」にクオータ制が明記されたので、候補者はどの政党も一方の性四〇％以上の縛りがさらにきつくなった。

●地方自治

地方重視の姿勢は、ノルウェーの地方民主主義の伝統と無関係ではない。地方民主主義は一八三七年に成立した地方自治法によって定められ、一六〇年以上の歴史がある。オーレ・グスタヴ・ナルッド（ヘードマルク県オーモット市長、前ヘードマルク大学経済学部准教授）の言うように、「ノルウェーの民主主義に一番貢献しているのは地方」なのである。

ナルッドは、一九九八年秋に来日して、大阪大学の公開講座で講演した。「ノルウェーの政治とボランティア」というタイトルだった。

講演で、彼は、「地方の民主主義について」語り、「政党の地方組織の自立」にふれた。地方重視のノルウェー社会を理解する助けになると思われるので、そのごく一部を紹介する。「政党の地方組織」は、日本では「政党の地方支部」にあたるが、彼は「支部という表現では中央より下にあるかのように誤解させる」と言った。

●オーレ・グスタヴ・ナルッド講演録――「政党の地方組織の自立について」

政党の政治活動は、補助金制度によって賄われています。国会が財政的助成を決めます。その額は、前の選挙で獲得した票数に応じて政党に支払われます。助成金は、政党の三つの段階――国、県、市それぞれに支給されます。一九九八年は総額二〇八万クローネ、約三七億円でした。割合は、国レベルが五二％、県二六％、市二〇％でした。

この助成金制度のおかげで、国レベルの政党組織と、県・市レベルの政党組織の間には、経済的依存関係がありません。これは重要なことです。さらに政党は、ほかの組織や個人に経済的に依存しなくてすみます。つまりノルウェーの政党は、地方の政党組織が国レベルの政党組織からあれこれ管理支配を受けることはないのです。

一人ひとりから政党の党費を徴収するのは、市レベルの政党組織です。市の政党組織はそれを県・国レベルの政党組織に回します。また、国会や県議会選挙候補者を実際に発掘して推薦するのも市の政党組織です。このような点から見ると、市レベルの政党組織のほうが主体者であり、県・国レベルより重要な役割を担っているといえます。

地方選挙では、どの政党も、国からの資金に頼るということはありません。それに、小さな自治体が多いノルウェーでは、実際、地方選挙にはお金が全くかかりません。有権者は、候補者の人となりや、仕事ぶり、社会的活動、政治姿勢を日ごろからよく知っているからです。（訳三井[13]）

●不公平を減らすための特別な議席

「比例代表制は正義要求に合する最も合理的な選挙方法である」と森口繁治（京都大学教授）が書いたのは一九二五年だ[14]。

ノルウェーは、すでに一九〇一年に地方議会、一九二一年に国会がこの比例代表制をとっている。比例代表制選挙は「死に票」が出にくい。これは民主主義社会にとってきわめて大事なことだ。さらにそれに加えて、選挙法にある「平等化議席」という制度にも感心させられる。ノルウェー語では

*utjevningsrepresentanter*⑮と舌をかみそうに長い。

平等化議席とは、集票数を満たしているのにカウント方法の関係で一議席もとれなかった政党のために設けられた特別な議席だ。実際、この平等化議席がなければ、ヘードマルク県から国会議員となった女性は三人ではなく、二人だった。左派社会党の女性は落選だったのだ。

二〇〇九年九月の投票日、マグニ・メルヴェール（ヘードマルク大学図書館長）は新聞を見ながら言った。

「左派社会党はヘードマルク県で一議席も取れないらしいわね。この党の一番目カーリン・アンデシェンはいい政治家だから、当選してほしいのに」

地方新聞ウストレンニンゲン紙には、カーリン・アンデシェン候補の落胆顔とともに、選挙の最新予想が載っていた。「ヘードマルク県で左派社会党は絶望的」とあった。前回、左派社会党は最下位で当選者一人を出したが、今回は前回の八・八％より二％落とし、六・八％しかとれないという。

「狼問題がネックになった」とも書かれていた。

「狼問題」とは何か。

ヘードマルク県では、狼が羊や山羊を襲って、この被害に悲鳴を上げている家が多い。地方紙やＴＶの地方番組は、狼に食いちらされて血の海と化している家畜小屋を時々報道する。ところが、動物愛護の立場を貫く左派社会党は、狼の殺戮《さつりく》には反対だ。同党のカーリン・アンデシェン候補は、党の方針と選挙区ヘードマルク県民の利害の間にはさまれてきた。ヘードマルク県の政治家たちが、狼問題について環境大臣（左派社会党）と話し合うためにオスロまで行ったけれど、会えなかったらしい。

投票日直前討論会。各政党の候補者リストの１番目の候補者たち（ルーテン市 2009）

国政選挙の大勢がほぼ判明した九月一四日の深夜になっても、テレビ速報は彼女を当選者にあげなかった。ところがびっくり。翌日の新聞を見たら、当選しているではないか。「平等化議席のおかげです」と彼女が笑顔で語っている。

落胆顔から笑顔に一夜で変えた平等化議席は、どのように決まるのか。

選挙区となる全国一九の県選挙管理委員会はまず、定数から一議席引いた数の当選者を決める。その「残りの一議席」こそが、平等化議席と呼ばれるものである。県に一議席ずつだから全国で一九議席だ。

県選管は投票を締め切った後、国選管に政党ごとの県単位の〝獲得票〟を伝える。この〝獲得票〟の計算方法には面倒な規則がある。このプロセスに弱小党救済の精神が込められている、と私は思う。

すなわち、選挙区で一議席もとれなかった政党は、得票数がそのまま上げられる。一方、選挙区で議席をとった政党は、その選挙区での議席数を二倍してさらに一を足した数で割った数字が〝獲得票〟とされる。そして、県選管から国選管に伝えられた政党の〝獲得票〟が国全体で計算される。次に、国全体の各党の〝獲得票〟を選挙区の各党獲得議席の平均得票数で割る。この商が最大となった県政党に一議席を与える。

こうしてヘードマルク県の定数八のうちの残りの一議席、すなわち平等化議席がカーリン・アンデシェンに回ってきたのだ。

地方自治、比例代表制、候補者を決めるプロセス、平等化議席……これらに私は、力の弱いものを見捨てない社会の意志のようなものを感じる。

4　政治をタブーにしない教育

●投票日前に学校で政党討論会

国政選挙を目前にして、もし、日本の高校の生徒会が議員候補者を招いて政治討論会を開こうとしても、おそらく校長は絶対に許さないだろう。そういうことをした学校の校長は、「学校に政治を持ち込んだ」カドで都道府県教育委員会から指弾される恐れがあるからだ。

ところがノルウェーは全く逆だ。国をあげて、政治的に目覚めさせるような学校教育を行っている。それが、スクール・エレクションと呼ばれるプロジェクトである。

私がノルウェーを訪ねる一〇日ほど前の二〇〇九年九月一日、ヘードマルク県エルベレム高校で政治討論会が開かれた。エルベレムの事情に詳しいヘードマルク大学図書館長マグニ・メルヴェールの話や報道をもとに、その討論会を再現してみる(16)。

エルベレム高校の体育館は生徒で超満員。招待状を出した全政党のうち、一〇政党から候補者が学校にやってきた。国会に議員を出している主要七党の労働党、左派社会党、中央党、自由党、キリスト教民主党、保守党、進歩党。そのほかに、赤党、グリーン・パーティ、年金党の三党だ。

司会はエルベレム高校の校長である。

●女の子たちが質問攻め

学校の討論会での生徒の質問や意見は、こんな具合である。

「イスラム嫌いが増えていると私は思うが、あなたがたは、どういう対策を考えていますか」（イスラム式スカーフで頭をすっぽり被っている女子高生）

「同性愛カップルが養子をとることに、みなさんはどう思いますか」（女子高生）

「ロックバンドが、スポーツクラブのように公的助成金を受けられないのは、おかしいのではありませんか」（女子高生）

「進歩党は、なぜ、学生ローンを廃止しようとしているのですか」（女子高生）

こんな風景を翌日の地方紙は、「女の子たちが質問攻め」と第一面で報道した。男女共学校なのだが、政党に質問をした生徒は女子が多かったらしい。別面にも、「辛らつな質問、大きな拍手」という見出しで特集が組まれ、生徒たちの質問の中身や、参加した政治家たちの感想がルポふうに書かれている。

Tøffe spørsmål – heftig applaus

Hørt på skoledebatten

高校生の政治討論会を報じるウストレンディンゲン紙。質問する高校生（中央）。拍手喝采を浴びた進歩党候補（左上）（ *Østlendingen*, 2009.9.2）

「勝利は誰に？　最もいい討論をしたのはどの政党？」というコラム欄には、高校生七人が顔写真と実名入りで回答している。たとえば、ある女子高校生は、「左派社会党と労働党がよかった。女性問題と男女平等問題に関しては、この二党とも優れていましたが、どちらかといえば労働党の勝利でしょう」。

ノルウェーの高校生は一六歳から一九歳だ。選挙権は一八歳からだから、多くの生徒にはまだ選挙権がない。しかし、生徒たちは堂々と支持政党を表明し新聞も報道する。さらには生徒自身が選挙運動を展開し、本番さながらの模擬投票までする。ノルウェーでは、中高生の一〇人に一人が、すでに政党の党員になっている。しかも、女子が活発なエルベレム高校の様子から想像できるように、女子の政党参画率が高い[17]。ブルントラント元首相にいたっては、七歳で労働党子ども隊に入ったと聞いた。

●高校の八割が参加

二〇〇九年のスクール・エレクションの投票日は九月七日、八日。八月三一日~九月四日の事前投票もOKだった。投票は、本番同様、支持政党のリストを投票箱に入れる。本番と違うのは、今年から電子投票もできるようになったことだ。投票が締め切られたら、ただちに集計されて、ノルウェー社会科学データサービス（NSD）という調査機関にインターネットで送られる。NSDは、全国規模で政党ごとの獲得票と当選者数を出す。すると、待ってましたとばかりにメディアが公表する。

今年は、全国四八九高校のうち三九〇校、実に八一%がエントリーした。一七万三九二人の高校生が参加し、有効票は一三万九九八票。投票率は七六・九%。四校に一校が電子投票を採用した。

得票結果を見ると、最も右寄りとされる進歩党が一六九議席中四五議席を獲得し、進歩党の若年層への浸透ぶりが浮き彫りになった。

スクール・エレクションは二〇年前に始まった。国政選挙ばかりでなく、地方選挙やEU加盟の是非を問う国民投票の前にも行われた。参加するかどうかを決めるのは学校の生徒会だ。NSDが集計の対象とするのは高校生のみだが、中学校も参加できる。

●子どもの意見を反映させる装置

ノルウェーの子どもや若者が熱心に政治的発言をするのは、何も選挙のときだけでない。日常的に社会のあらゆる決定に何らかの形で参加できるよう、子ども・若者用の装置が用意されている。子どもたちが通学する学校の「生徒議会」のみならず、放課後のレクレーション活動、地域活動、文化活動などにおいても、それぞれ審議会が設けられている。各審議会の委員は、子ども・若者の中から自分たちの手で選ばれる。

子ども・若者が、わが町の道路計画や建設計画などが決まる前に影響力を及ぼせるよう、市の行政には「子ども問題審議会」が設けられている。これをノルウェー王国大使館ホームページは以下のように説明する。

「ノルウェーでは、自治体のおよそ七五％が青少年問題審議会や同様の機関を設立しています。中央政府も地方自治体も、将来に関するワークショップ、公聴会、会議などを開いて、青少年が考えや提案を述べることができる機会を設けています」

大学教授の募集採用を決める大学理事会メンバーに、学生代表が入っていることも[18]、この延長線にある。

●子どもオンブッド[19]

子どもオンブッドの存在も、子どもが政治的な発言を活発にすることと無関係ではない。

一九九五年、子どもオンブッドに取材した。トロン・ヴィッゴ・トルゲルセンという医師資格を持つテレビ子ども番組の人気コメディアンだった。「テレビのおもしろいおじさん、と僕に親しみを感じるらしいのです」とうれしそうに言った。子どもオンブッドは、子どもの声を代弁する国家機関で、一九八一年にできた。国王が任命し、国会が承認する。「世界で初めて設置したのはわが国です」と、彼は少し自慢げに話した。

子どもオンブッド事務所には法律専門家を含め十数人のスタッフがいて、年間予算は政府から出る。「子どもオンブッドに関する法」によると、子どもオンブッドは、子ども（一八歳以下）の権益を守るためにすべての公的・私的機関に対して、問題点を指摘する義務を負う。

設立当初は、「子どもの代弁者などいらない」と主張する政治家もいたが、今は誰もが必要を認める。任期は四年。二期以上の継続はない。年に何千件もの相談を受けるが、その三割が子どもからだ。

ノルウェーの子どもの法的権利は、一九九〇年代に入り、子どもをより尊重する方向で、次々に改正された。官庁も「子ども・家族省」に一本化された。子どもオンブッドは独立機関ではあるが、形の上ではこの省の傘下にある。子ども・家族省は、男女平等推進のための機関でもあり、子どもの問題と男女平等の問題がセットになって進められる。

子どもや親から訴えが来て問題点がはっきりしても、子どもオンブッドには、役所や学校に制裁を加える法的権限はない。メディアに事実を伝え、広く報道してもらい、世論を味方につけて解決への糸口を見つけてゆく。そのためには、正確な事実を知らなくてはならない。だから子どもオンブッドにはあらゆる情報源に自由にアクセスする権利が法的に保障されている。

オンブッドの指摘を受け解決に動くのは、学校や福祉事務所の上にある行政だ。こうした問題点はオンブッドの手で報告書にまとめられ、それがメディアに載る。

二〇〇九年現在の子どもオンブッドは、心理学者ライダル・イェルマンである。

子どもオンブッドは、自身の意見をメディアに載せて、子どもの権利拡大のために議論を巻き起こすことがよくある。この数年のテーマは選挙だ。地方議会の投票年齢を現在の一八歳から一六歳に下げるべきだ、とあちこちで意見を表明している。

二〇〇七年には小冊子『何がポイントか？　一六歳投票権を求めて』も出版した。なぜ一六歳にすべきか？　オンブッドの主な言い分はこうだ。

①一六歳、一七歳は、理性的な判断をすることができる。その年齢になると、重要な問題に関わる機会が増える。

②民主主義は、学校で学ぶべきである。投票権は、教育課程の一部とすべきだ。

③一六歳からの投票権は、地方政治に役立つ。若者は地域に関わる問題によく通じている。

選挙年齢の引き下げ問題は、地方議会の議案となり、メディアで盛んに取り上げられてきた。当事者の高校生は、そのたびにどう思っているか、意見を求められる。こうした動きは、子どもや若者に「自分だって政治の主役だ」という意識を持たせることに拍車をかける。

●本番の投票動向を占う

スクール・エレクションに戻ろう。

NSDは、投票結果を集計するだけでなく、生徒の政治意識を高めるためのアンケートや、政治家との討論会についてアドバイスし、資料を提供したりもする。政党側も、スクール・エレクションに備えて研修をする。学校に出向く政治家は、政党青年部の〝若葉マーク〟の候補者が多い。誰でもはじめはあがったりするのだが、高校生からの容赦ない質問のツブテを浴びるうちに、表現力が磨かれていくのだそうだ。

スクール・エレクションは、もちろん模擬選挙だ。しかし本番さながらの運動が展開され、マスメディアもこれを「若者の投票動向」として正面から取り上げる。専門家は、本番の投票動向を占う指標として、これを大事にする。NSDの専門員アトレ・ヤースタによると、スクール・エレクションはいくつかの高校が自主的にやっていたが、一九八九年からは、全政党の賛成を得て全国プロジェクトになった。

「民主主義の大きな課題は、政治システムにいかに市民を参画させるかです。言い換えれば、投票率の低下や政治への無関心は、今も昔も民主主義の危機なのです。若い世代に、政治的に目覚めさせ、政治的能力をつけてもらい、さらには、初めて投票する一八歳の若者の投票率をあげよう、というのがプロジェクトのねらいです」

●若者を政治に目覚めさせる

スクール・エレクションを始めたのも、このための予算を拠出しているのも教育省（日本の文部科学省にあたる）である。NSDは、教育省から実務を委託され、すべてを運営する。すべての情報はインターネットで広報される。NSDは、スクール・エレクションの意義をホームページでこう述べる。

「生徒たちは具体的政治行動を通じて、選挙、政党、選挙事務の仕組みを学び、この国の政治制度がどのように動いているかを、身をもって知ることになります」

こんなスクール・エレクションによって、未成年の政治への参加意欲は、確実に醸成されてきた。ノルウェーの一部の地方自治体は、二〇一一年の地方選挙から選挙権を一六歳に引き下げることを決めた。

若者を政治的に目覚めさせまいとする社会と、積極的に目覚めさせようとしているノルウェーのような社会……。民主主義社会とは、老若男女すべてが政治に目覚めている社会のこと。それは、男性だけに政治を任せてはならないとする社会でもある。だから私は、ノルウェー社会にひかれる。

5　新ノルウェー人と選挙

●事前投票期間を二か月半に改正

二〇〇九年秋の国政選挙を控えたノルウェーは、事前投票の期間を二か月半に延ばすように法律を改正した。だからノルウェーには、「公示していよいよ選挙戦に突入」といった日本流の短期決戦的風景はない。

この改革はあくまで投票率を上げるのが目的だ。背景には、もはや無視できないほどに増えてしまった「移民という名の選挙に疎い新ノルウェー人」の存在がある。ノルウェー人といえば、私たちは、金髪に白い肌の長身をイメージする。ところが実際は、一〇人に一人が移民出身者なのである。

二〇〇九年七月八日のノルウェー・ポスト紙は、今年のノルウェーへの亡命者は一万八〇〇〇人にのぼるだろう、と報じた。昨年同期より二五〇〇人も多くなる見込みだそうで、同紙は保守党党首にこう言わせている。

「ノルウェーは、いまや、気軽に難民を受け入れる国だと知れ渡ってしまった。難民とは言いがたい者までノルウェーにやってきた。これは現政権の責任だ」

選挙を控えて保守党は、現政権すなわち労働党、左派社会党、中央党の連立政権の移民政策が間違っている、と批判しているのだ。

ノルウェーには保守党よりさらに右寄りの進歩党もある。「移民が我々の税金を食いつぶす」と主張して「移民排斥」を掲げ、前回の国政選挙で第二党に躍進した。犯罪につながる事件で移民が容疑者として浮上すると、進歩党は「犯罪の増加は誰の責任か。もっと安全に生きられる政策を」などとコメントする。これがけっこう喝采を浴びて、進歩党中心の保守中道政権が誕生、との予想まで出た。

●外国人にも参政権

ノルウェーでは、外国人も三年以上ノルウェーに住めば地方議会の選挙権と被選挙権が認められる。前回投票した外国人を見ると、初めて投票した人だけでも五万人以上にのぼる。移民出身者の立候補も多く、当選して議員となって活躍している人もいる。国政選挙参加にはノルウェー市民権が必要だが、これも直近一〇年のうちの七年間住んでいれば市民権を申請できる。政府発表では移民の三六%

が市民権を持つ。

二〇〇九年の国政選挙で、保守党オスロ選挙区のリストの五番目に載った候補者は、パキスタン系ノルウェー人だった。アフシャン・ラフィークという女性で、非西欧系国会議員第一号として二〇〇一年から二〇〇五年まで務めた。彼女は、パキスタンからやってきた移民の家庭に生まれ、高校卒業後、医学の道に進んだ。保守党青年部に入って、一九九五年に弱冠二〇歳でオスロ市議会議員に当選した。なぜ、厳しい移民政策をとる保守党に入ったのか不思議に思えるが、国会議員だったころのダーグブラーデ紙のインタビュー[20]で、「保守党の政策が自分の家庭の経済的自立を助けてくれたからだ」と答えている。

「保守党のコーレ・ヴィロック首相に両親がとても心酔していました。私は九歳ごろだったのですが、毎日、早朝から店を手伝っていました。ヴィロック首相のおかげで開店時間が延長されて、どれだけ助かったことか」

「移民議員」と言われるのを嫌がっているものの、移民一世である両親の苦労を見て育った彼女には、言いたいことがいっぱいあった。だから、移民の代弁者として積極的に発言を続けてきた。

「ノルウェーの法制度を守り、ノルウェー語を習得し、ノルウェー社会に適応できる移民であってほしいとノルウェー人は考えていますが、移民の側は、自分たちの文化、アイデンティティ、伝統も維持したいし、互いに尊重し合える関係でありたい、差別のない職場で職に就いて自立して生きていきたい、と思っています[21]」

アフシャン・ラフィークの両親のような移民に対して、ノルウェー政府は、さまざまなサービスを提供してきた。

二〇〇九年七月から始まった国会議員選挙に向けて、選挙公報は一五種類以上の言語で発行された。アラビア語、ソマリア語、ポーランド語、ボスニア・セルビア・クロアチア語、ロシア語、ペルシャ語、ドイツ語、ウルドゥー語、ベトナム語、英語、そしてノルウェー語二種、サーメ語三種。ノルウェー語を話さない移民の増加により、小学生が話す言語はおよそ一一〇種類にもなるというから、これでも十分とはいえないだろうが、日本人の私はただただ感嘆してしまった。

インターネットを開けば、「民主主義の国では、政府をつくるのは市民です」で始まる短いフィルムが流れ、選挙がいかに民主主義にとって大切か、投票はどこでするか、何を持参したらいいのか、どうすれば投票できるのか、をイラストと写真入りで指南してくれる。もちろん解説は多言語だ。自分の得意な言語をクリックするだけでいい。

最近、移民法が改正されて、大人の移民にはノルウェー語を三〇〇時間無料で習得する権利が与えられた。このサービスは地方自治体の仕事だ。移民や難民の苦情を受けつけて、解決を図る仕組みもできている。政府から独立した「移民控訴委員会」という機関があって、二〇〇人もの職員、三〇〇人のボランティアが、政府移民局の下す判定に不満な移民たちの相談に応じている。

「平等・反差別オンブッド」も活躍する。民族や肌の色、宗教などの違いによるあらゆる差別を禁止する法律を守らせるために、日夜、目を光らせている。

●移民の声を政府に届ける「キム」

こうした移民政策に影響力を行使してきたのは、キムＫＩＭ[22]という組織だ。移民など外国からノルウェーにやってきた人たちがノルウェー社会に溶け込めるよう、政府と対話を重ね、政府に政策提言をする独立機関である。キムは「移民と当局とのコンタクト委員会」の略称で、一九八四年に創設された。移民当事者の声を政府に届けるチャンネルであり、運営は公費で賄われている。

現委員長はインド系ノルウェー人のリタ・クマール（女性）。インドで生まれ育った植物学者だ。トロンハイムに移り住み、五〇歳ごろにトロンハイム市議会議員（二期）を務めたほか、公的委員会や審議会の委員も経験してきた政治家である。

リタ・クマール委員長のリーダーシップの下、ノルウェー全土一七か所にはりめぐらされた地域の移民代表一七人によって、「移民フォーラム」という組織もつくられている。そこが政府の移民政策に提案をし、市民との対話や市民への情報提供・啓発をする。

キムには、「移民フォーラム」とは別に、もう一つ重要な組織、「移民委員会」がある。こちらは、委員長のほか、一七人の地域移民代表（移民フォーラムと同人物）、主要七政党の担当者七人、関係省庁の代表一一人で構成される。計三六人の委員会で多くの移民問題から最重要課題を設定し、その解決に向けて対話を続ける。

だが、「新ノルウェー人」の投票率は、五二・九％（二〇〇五年）。ノルウェー全体の投票率七七・一％に比較しておそろしく低い。民主主義の土台ともいえる投票率を上げるには、新ノルウェー人にもっと投票してもらわなければならない。

こうして、以前は一か月間だった事前投票が二か月半に延長されて、長い選挙戦となった。国政が移民排斥に傾くかどうかは、排斥される立場の人々の投票率にかかっている、ともいえる。

第6章

100年遅れを挽回するには

レインボーブリッジを視察する都議会都市計画環境保全委員会一行。右端は委員長の筆者（1992.5.12）

●思いがけない転身

「男が主で女が従」という文化を変えたい。働く女性への差別・偏見・蔑視を減らしたい。子育てのために女性が退職しなくてもすむような保育サービスを増やしたい。高齢者・障害者介護に苦しむ女性たちの負担を軽減したい。

私は、二〇代のころから、こんな思いで女性解放運動を続けてきた。

一九八七年二月、都立駒場高校の職員室で生徒の持参した英語のワークブックを見ていた私に、社会党幹部の粕谷照美参議院議員から電話がかかってきた。日教組を出身母体とする粕谷は、敬愛する大先輩の一人だった。

「選挙に出てもらえないだろうか」

杉並区から選出されている社会党都議の急死にともなって、東京都議会議員の補欠選挙が行われることになった。女性解放運動を続けてきた私のことが、社会党の女性幹部の目にとまったのだという。次いで、社会党副委員長の金子みつ衆議院議員からも電話がかかってきた。

先輩たちからの再三再四の懇願に、私は、ついに首を縦に振ってしまった。高校生には「夢に向かって挑戦しよう」と言い、市民運動では「女性の地位を上げるには、まず政治の世界に出ること」と言い続けてきた私には、断る理屈が見つからなかった。当時の夫も「マリ子はいい政治家になると思うよ」と応援を約束してくれた。

その数か月前、社会党に土井たか子委員長、金子みつ副委員長による女性執行部が誕生して、政界に女性の風が吹き始めた。私は社会党員ではなかったが、土井委員長や金子みつ副委員長を応援してきた。選挙は一か月後に迫っていて、すでに五人が名乗りを上げていた。粕谷先輩は私をデパートに連れて行って、「政治の世界はどこも男性ばかりですから男性の多いところで目立つように」と赤いスーツを見たてて買ってくれた。それを着てポスター用の写真をとり、初めて荻窪駅前でマイクを握った。演説の後、労働組合の幹部が言った。「黙って立ってニコニコしていればいいんだ」。

杉並区議会議長をしていた自民党候補の当選が確実視されていたのだが、三〇代の無名の私が当選してしまった。メディアは一斉に「奇跡の当選」と報道した。「美人都議」という表現がほとんどの記事についていた。「顔」のおかげと言われて当選の喜びが半減した。

期待される特別な役割

都議会議員になる前の私は、英語教員として三つの職場を経験した。

教員になって初めての赴任校は東京都仙川にある私立桐朋女子中・高校だった。生徒は女性だけだが、教員（専任）は男性が圧倒的に多かった。女性教員と男性教員では期待される役目が違っていた。あるとき、「ここの教員室にはオンナはいないのか。いつも湯のみがそのままになっている！」と年長男性教員が声を荒げた。男性教員の使いっぱなしの湯のみまで後始末しろ、というのだった。

女性教員は毎朝、教員全員にお茶を出す慣習があった。私は、女性だけがお茶くみをするのは反対だった。教育上もよくないので、男女でやろうと提案したが、一顧もされなかった。私は、お茶のサービスをやめた。多くの職場でお茶くみは若い女性がするのが当たり前という時代だった。それをしないのは、覚悟のいることだった。冷たい視線を一身に浴びながら、お茶くみを拒否し続けた。

英語の新人教員を採用するための選考委員として面接試験に立ち会うことになった。先輩男性教員は女性の志願者に向かって「この学校には、さりげなくお茶をサービスしてくれる女性教員と、何が何でもお茶を出さないという女性教員がいます。あなたはどちらですか」と質問した。その志願者は「私は前者です」と答えた。女性教員の採用基準に「お茶くみ」が入っている現実に、愕然とした。

私は同じ考えを持つ教師仲間と小さなグループ「ロシナンテの会」をつくった。夢を追い続けたドン・キホーテの愛馬の名前だ。定期的に集まっては「あるべき女子教育について」話し合った。

その仲間の親友、芦谷薫は家庭科教員だった。「家庭科は人間が生活をしてゆくうえでの基本を学ぶ学問よ。保育、食事つくり、家のメンテナンスすべて、男女にかかわらず学ばなくて、どうするの」と私に訴えた。芦谷が授業で使った自作のテキストは、良妻賢母の勧めとはまったく異なっていた。

男が先で女が後の名簿

そのころの高校の家庭科は、女子高生だけが四単位必須で、その時間、男子は体育をしていた。ある女子高生が、「女性だけの家庭科はおかしい」と授業をボイコットしたら高校を卒業できなかった、という事件も新聞に載った。

芦谷薫のそばにいて、家庭科は男女ともに学ぶべきだと確信するようになった私は、校内でも組合でも、賛同者を増やそうと手をつくした。市川房枝が代表の「家庭科の男女共修をすすめる会」という市民団体には、教員になる前から入会していたのだが、いっそう熱心に通うようになった。

「国際婦人年をきっかけとして行動を起こす女たちの会」（後の、行動する女たちの会）にも入会した。初めての抗議先は、「わたし作る人、ぼく食べる人」のコマーシャルを流したハウス食品だった。

弁護士中島通子が牽引車だった「私たちの男女雇用平等法をつくる会」にも属し、職場の性差別撤廃のための法案をつくった。

ある日の集会でのこと、初めて参加したという女性が「毎朝、食事の支度をし、玄関で夫の靴を磨き、そろえて置いてきました。何年間も……。ある朝、靴を磨きながら、涙がポロポロ出てきました」と話すなり、泣き出した。靴磨きなど夫にやらせたらいいのに、と言うと、そんなことしたら殴られる、と言った。私は戦慄を覚えた。

都立高校に転職した。初赴任校は町田市にある都立野津田高校だった。クラス担任を受け持ち、英語を教え、同時に進路指導を担当した。教員の労働組合婦人部（現女性部）の役員も務めた。都立は男女共学なので、教育内容や指針に男女による違いがくっきりと見えた。生徒の名簿が男女別々で、しかも男子が先、女子が後だった。私は教員会議で提案した。

「生徒の名簿は男女の区別をやめてアイウエオ順にしたほうがいいと思います。名簿は、授業の出欠をとるときに毎回使われるだけでなく、入学式、卒業式、体育祭、修学旅行、試験など、あらゆる学校行事に使用されます。男女が別々の名簿だと、教員や保護者は何事につけて男女を分けて考えるのが当たり前になってしまいます。最大の問題は、それが生徒の行動の規範となって、『女は男の後でいい』という意識が助長されることです」

沈黙が走った。賛成する教員はいなかった。

「三井先生、男女、だんじょですよ。女男（じょだん）なんてどこの世界にありますか」という主任男性教員の声で会議は終わった。家に帰って、自分の教える英語のクラスだけ、名簿を男女混合のアイウエオ順につくり変えた。

「男が先、女が後」の名簿の弊害は、体育祭のグラウンドで表れた。テント側にいた私に見えたのは、男子だけ。男子集団の後ろに並んだ女子集団がまったく見えなくて、まるで男子校だった。あまりいいたとえではないが、白人と黒人がいっしょの学校で、いつも白人だけが前列に並び、その後ろに黒人が並ぶ光景を想像したらわかる。こんなことは黒人差別であり、絶対に許されないはずだ。教育現場で使用される生徒の名簿を男女別につくる慣習について、「行動する女たちの会」の仲間、中嶋里美が調べたところ、世界でインドと日本だけだった(1)。

●男子の求人数は女子の倍

進路指導の教員として、就職先の相談に乗った。進路指導室で会社の募集用紙を整理していたら、男子用と女子用の募集会社数に差があるような気がした。数えてみたら、男子の求人数は三四〇〇人、女子の求人数は一七〇〇人。男子は女子の二倍だった。「男女両性可」の求人票を送ってきた会社は、たった一社だった。

職種も男女で違いがあった。女子用はほとんどが事務職だった。賃金にも男女差があるかもしれないと思って、男女同じ事務職を募集している会社の募集要綱の男子用と女子用を机に並べてみた。同じ会社の同じ仕事なのに、女性は男性より初任給が五〇〇〇円も低かった。進路指導教員が集まる会議でこの話をしたが、誰の関心も引かなかった。会に出ていた女性は私一人だった。

●女性のいない日本の議会

私は、勤務を終えた後や週末のほとんどを運動に費やした。「行動する女たちの会」の先輩会員の吉武輝子と俵萠子が挑戦した参議院議員選挙では、仕事を終えた後、ほぼ毎日、選挙運動を手伝った。

私は、日本の性差別撤廃には外圧を借りなくては、と思い始めた。とくに国連で採択された女性差別撤廃条約を批准させたかった。批准させる運動に参画した。批准には、制度上の女性差別をなくすことが必要だった。家庭科を女性にだけ必修にしている教育制度の性差別、父権主義の国籍法の性差別、雇用上の性差別が、三大障壁だった。前述した「家庭科の男女共修をすすめる会」では家庭科問題を、「行動する女たちの会」では国籍法問題を、「私たちの男女雇用平等法をつくる会」では雇用平等問題を中心に運動をした。

「男女雇用機会均等法案」が審議される国会を傍聴した。募集、採用、配置、昇進の女性差別は禁止されず、企業の「努力義務」となった。骨抜き法だった。

そのときの衆議院は、女性議員が五一一人中八人、たったの一％だった。議場で法案を決定する側は男性ばかり。傍聴席で眺める側は女性ばかり。法を決定する場にもっと女性が参画しない限り、女性の地位は上がらない。私は傍聴席で、そう確信した。

東京都議会に話を戻す。

私にも、初質問のチャンスがめぐってきた。質問に先立って、東京都庁の上級幹部に女性が一人しかいないこと、都議会に女性が七％しかいないことを指摘した。

「みなさん、想像してみてください。もしもこの壇上の横に並ぶ理事者席の一人を除いて全員が女性だとしたら……」

すかさず「誰も会議に出ねーよ」と大声のヤジが飛んだ。

「もしも、私の目の前の一二七議席中一一八名が女性で、九名が男性だとしたら……」

「気ぃもちワリィ！」という大声が飛び、笑いの渦が巻き起こった。

都側の答弁の冷たかったこと。私は「女性差別を監視し、男女平等を進めるために、東京都に男女平等オンブズマンを新設すべきだと考えるが、どうか」など質問をした。答弁はすべて「検討いたします」の一言だった。そんな答弁に、「よーく言った」のヤジが飛び、ガッハッハッハと自民党席が盛り上がった。

●ノースリーブは議場にふさわしくない②

本会議場の速記者の服装もヘンだった。女性の速記者は全員ブルーの上っぱり姿だった。男性の速記者は私服だった。規則なら改正できると思った。議会局に、速記者の女性職員への制服貸与のいきさつや、当事者が実際どう思っているのかを尋ねてみた。

上っぱりは、一九七二年から一九七三年ごろに登場したという。

「ハイ、夏に開かれました本会議席上におきまして、速記者の一人がノースリーブで参りましたところ、年輩の議員の先生の方から、神聖なる議場で、あの、つまり、女性の腕が出ているということが、ふさわしくないと……これは、あくまでも風聞の情報でございますが。都議会会議規則、第一三章に規定がございまして、その中の第一〇六条には、議場に入る者は、服装を見苦しくないようにしなければならない、と定められております。ノースリーブから腕が出るのを、見苦しいとお感じになった先生がいらっしゃったというわけでございます」

女性速記者の制服着用は、男性議員の一声がきっかけだった。議会局の調査によると、女性速記者のほぼ全員が制服は時代に合わないと思っていた。私の元に、当の速記者の一人から手紙が届いた。

「あの上っぱり、私は大嫌いです。動きにくいし、ちっともカッコよくない。本会議や予算特別委員会で、あれを着るのは明文化された規則があるわけではなく、慣例として着るようになったようです。それも、目立たないように、という理由らしいのです。（中略）議員の先生方や、理事者、職員（ほとんど男性）の中で目立たないように上っぱりを、なんて、これも一種の男女差別だと思うのですが」

その通りだ。当事者からの手紙に勇気づけられて、次の議会で文書による質問をした。一五年間にわたって女性職員に押しつけられていたブルーの上っぱりが都議会から消えたのは、それから半年後のことだった。ノースリーブを着こなす米大統領の妻ミッシェル・オバマの二の腕を見るたびに、私は、都議会でのブルーの上っぱりを思い出す。

●まーた、男女平等かよ

一九八九年春、通常の選挙に再び立候補し、トップ当選した。議員は二期目に入った。都庁の移転にともなって都議会も、有楽町から西新宿に移った。ある委員会の席上、喫煙をしている議員に、「たばこが苦手なので遠慮してくださいませんか」と言ったら、その男は「俺はね、吸うなと言われるとこうしたくなるんだ」と言って、たばこの煙を私の顔めがけてフーッと吹きつけた。多くの議員や職員が目撃していた。私は、屈辱感で体も心も震えた。彼の頬に平手打ちをくらわさなかったことを、今でも後悔している。

社会党・都民会議という会派内でも同じだった。過ごす時間が多いだけ、屈辱体験は増えた。某委員会の初会合が予定されている日のこと、私と同じ委員会になった古参議員が、議員控え室（会派の）で背後から聞えよがしに言った。

「三井マリ子といっしょかぁ。また男女平等を延々聞かされるのか。やだやだ。まっぴらだ。男女平等をやられるんじゃー、俺（委員会室を）出ちゃうよ。三井マリ子といっしょとは、ああ、なんたる不幸」

委員会室に入室してからも、大勢の議員や都庁幹部の前で、また同じ言葉を吐いた。そのときは小声だった。そして委員会が終了して議員控え室に戻ると、またまた同じ言葉を部屋中に聞こえよがしに発した。

●セクハラでも何でもしてやる

私は、働く女性たちが苦しめられ、中には退職にまで追い詰められた人もいるセクシュアル・ハラスメントについて、女性団体の実態調査[3]をもとに、議会で何度も質問した。労働相談の「その他」の項目にまとめられて入っていたセクシュアル・ハラスメントを、新項目「セクシュアル・ハラスメント」を設けて、受けつけるようにさせた。それによって、行政では本邦初のセクシュアル・ハラスメント相談窓口が誕生した。

世界中のセクシュアル・ハラスメント対策をまとめた『労働条件ダイジェスト・職場におけるセクシュアル・ハラスメントとの闘い』（一九九二）というＩＬＯ発行の国際文書[4]がある。そこに「日本にはセクシュアル・ハラスメントを禁止する法文はない」「東京都は、数百件のセクシュアル・ハラスメント被害者からの相談を受けつけた」との記載がある。日本の公的機関による初のセクシャル・ハラスメント対策による東京都の被害実態だった。

日本に初めてセクシュアル・ハラスメント施策を誕生させるに至った都議会内の攻防の過程でも、私への嫌味の言動はこんな調子だった。

「セクハラ、セクハラと騒ぐんじゃないよ」

「俺はね、セクハラするなと言われるとセクハラしたくなるんだ」

「セクハラ～、僕もされてみたいよ」

薄笑いを浮かべながら面と向かって言うのだ。

エレベーターを待っていた男性議員が、中に乗っている私を見て、「おっと、セクハラって言われる」と言って同乗しないこともあった。私はそのたびに唇をかみしめた。

私が都市計画環境保全委員会の委員長になったときに受けた暴言は忘れられない。都庁の職員と私が、委員会の事前打ち合わせをしている真っ最中に、都庁の職員に向かって、こう叫んだ男性議員がいた。北区出身の議員だった。

「三井委員長が、(都庁の職員を) 困らせたら俺に言ってくれぃ。三井マリ子なんかやっつけてやる。やだって言ったってセクハラでも何でもしてやるから」

おそらく彼は、セクハラなんて些細なことだと思っていたのだろう。しかし、もっと許せないことが起きた。その都議は、その言葉通りにセクハラ行為を私に実行した。社会党政務調査会室にあるコピー機を使おうとして長い廊下を歩いているときだった。背後から来た男性の手が私のヒップを触った。男は私の耳元でこう言った。

「後からつけてきたんだ。一丁前に出ているじゃないか。いいケツしてるよ」

アッと足が止まった。「それがセクハラなんですよ。まったくひどい!」と、とっさに大声で叫んだ。周りには都議会の職員もいた。この男はスタスタと議員控え室に消えた。白昼堂々の蛮行だった。忘れもしない一九九一年五月三一日午前一一時ごろだ。

私は、応接室で、日本キリスト教婦人矯風会の高橋喜久江からインドネシアの某日本デパートの売買春斡旋疑惑について相談を受けていた。弁護士の紀藤正樹も同席していた。応接室に戻った私は、いましがた受けた屈辱の一部始終を二人に話した。高橋は眼を丸くして「それ社会党の議員?」(5)。

世の中には、まだセクシュアル・ハラスメントを軽く考えている人が大勢いる。「触られたって減るもんじゃなし」「触られたぐらいで目くじらを立てなさんな」「触られるうちが花」などと言う。でも、品がないたとえだが、もし女性の大勢いる職場で男性が仕事中に、ある女性から股間を手で触られて「じっと見てたのよ。一丁前に大きいじゃないの」と言われたらどうか。仕事になるはずがない。

●社会党に男はいないのかぁ

一九九〇年三月一六日の予算委員会でのヤジはこんな具合だった。

私「買う人がいなければ、買春、売春はありえません。買う側へ東京都がどのように対応してきたかお答えください」

ヤジ「旦那はどうした。あんたの旦那は」

ヤジ「社会党に男はいないのかぁ、男はぁ」

私「(女性の体の一部を性的に扱った都のポスターをさして) これらに対して女性たちから抗議がきていますが、その抗議の趣旨とそれへの東京都のご意見を教えてください」

ヤジ「イヒヒヒヒ。芸術だ。芸術を禁止するようなことはファッショだぁ」

私「ミス東京の賞には、都知事賞、都議会議長賞がございますが、時代は変わってきました。このままの形で、都が後援を続けてゆくのは問題ではないでしょうか」

ヤジ「ミスター東京をやればいいだろう」

ヤジ「野球だって相撲だってみーんな勝負するんだぁ」

ヤジ「いろいろ言っても、応募者がいるんだから仕方ないだろうが（大笑い）」
ヤジ「こんな質問して。おいッ、議運（議会運営委員会のこと）で問題にするからな」
ヤジ「やってらんねえよ（私の質問の最中に退席）」

下品なヤジがほぼ一時間も議場に乱舞した。傍聴したアメリカの知人が、翌日電話をかけてきた。「あなたの質問も、お役人の回答も全然聞こえなかったのよ。ねぇ、日本の議会って、議員はお酒を飲んでいてもいいの？」

友人は、あまりの品のなさ、行儀の悪さに、酔っ払いのたわごととでも思わなければ理解できないと言った[6]。彼女といっしょに傍聴したアメリカの政治学者は「野蛮 BIG SLOB! まぎれもないセクシュアル・ハラスメントだ」と吐き捨てたという。

有楽町時代の都議会予算委員会の席上、私は、男女平等政策への予算の使われ方について質した。都民の貴重な税金を使って、女性を「性の対象」として描いているポスターをつくったり、女性を外見でしか判断しないようなミスコンテストを後援したりするのはおかしい、というのが、私の主張だった。それに対して、前記のようなヤジが飛んできたのだ。

●ミスコン

私の質問が報道された後、女性団体からばかりでなく、一般都民からもミスコンへの公費支出に苦情が多数寄せられた。

「東京都がミスコンにお金出しているなんて初めて知りました。それに都知事がわざわざ審査委員として出て、優勝者に王冠をかぶせているなんて。バッカバカしい！」「今まではきれいなんだからいいじゃない、と思っていたんだけど、考えてみたら審査員は全員男性で、〝寝てみたい女だ〟とかいった目で見ているんだよね。そういうことに、僕は初めて気づきました」。

東京都は、参加者のスリーサイズの項目をなくした。「一八歳以上の未婚女性」という年齢制限もやめた。都知事が審査員を降りた。しかし都は後援をやめなかった。そこで抗議の意味で、私は友人五人とコンテストに応募した。

「東京都の代表的な女性を選び、アメリカの都市を親善訪問して、東京都のＰＲをする」のが目的なら、若くなくても既婚でもいいはずだ。六〇歳の女性、車いすの人、在日外国人の友人といっしょに応募して、破廉恥な選出基準を皮肉ってやろう、と考えた。例年二〇〇〇人ほどが応募する。その多さのため、過去一度も書類審査が行われたことはないと聞いていた。だから面接審査には行けるはずだと私たちは考えた。

ところが私が応募したことが、東京新聞にスクープされた。

メディアはおもしろおかしく書いた。私たちの意図を正確に伝えるメディアはほとんどなかった。その結果、「ちょっときれいだと思ってカッコつけちゃって」「お前は単なる目立ちたがり」という投書に始まって、「ミスコンに反対するなんて生意気だ。強姦してやるぞ」という電話まであった。

「ミス東京コンテスト」は、「都民の日」（一〇月一日）恒例の祭典だった。一九五六年から行われてきた。しかも、都後援のミスコン事業の担当は「生活文化局」だった。何のことはない、男女平等施策を一手に引き受けている責任機関の「生活文化局」が、「女性の性の商品化」に三五年間も手を貸していたのだ。

都がミス東京の後援をやめたのは一九九一年夏のことだった。

●ジュネーブ市庁舎で

一九九二年一〇月、スイス・ジュネーブの市庁舎。行政視察した都議会視察団は豪華な応接間に通された。丸テーブルの向こう側に迎える側、こちら側に私たち。迎える側の紹介が終わってから、議員団長の長老が私たち一人ひとりを紹介した。ところが、団長は私をすっ飛ばした。

迎える側の一人が「こちらのかたは?」と私のことを聞いた。団長は、その指摘を無視して挨拶を始めた。迎える側は「この女性を紹介してください」と言った。私は、思いきって、自己紹介をした。

七人という小人数で、しかも女性は私一人。うっかりミスではない。ジュネーブ市側は「現在、ジュネーブ市長は女性です。前の市長も女性でした。日本から女性の議員さんがいらしてくださるのはとても珍しいです」と、私のほうを見ながら、都議会視察団に言った。

後日、ベリット・オースの「五つの抑圧テクニック」を知って、この体験は「第一　無視する」だとわかった(九〇ページ)。

議員の会食の場に出るのは、とりわける種の覚悟がいる。

都内某所で催された夕食会のことだ。江東区選出の男性議員は、目の前の日本料理の貝を見て、にやにや笑いながら隣の私に声をかけた。自分のお膳にある貝を箸でつっつきながら、女性の体に関する何かを連想したらしく、それを私に告げるのだった。

絶句！　以来、その卑猥な議員のそばには絶対座らないようにした。

某地方都市に泊まりがけで視察に行ったときの体験も怒髪天ものだった。夕食時、和服姿の芸者さんの歌が舞台で始まった。浴衣姿の男性議員たちがいっしょに歌って踊った。そこまでなら、まあいい。ところが、浴衣の品川区選出の某男性議員が舞台に駆け上がり、和服女性の両足の間に自分の顔が来るように仰向けに寝転んだ。そこから先のことは、恥ずかしくて書けない。

私は都の幹部職員に「気分が悪い」と告げて部屋に引きあげた。女性議員は私一人だった。女性のいないことが当たり前だからこそ、あんな破廉恥行為ができるのだ、と思った。その晩は、なかなか寝つけなかった。

気にいらないんだよ、お前のやっていることが

二期目になると、女性議員が増えて、議会の様子も多少変わった。しかし、忘年会でのこと、終わりに近づいたころ、調布市から出ている幹部男性議員が私に「オイ、ちょっと来い」と言った。彼の近くの椅子に移った。すると大声で説教を始めた。

「口を開けば男女平等ばかり。本当の喜びを知らない冷感症じゃないの。みんな言ってるよ。俺は男尊女卑。女性差別主義者だから。気にいらないんだよ、お前のやっていることが！」

私は席を立って、トイレで手帳を開き、今彼が言った横暴な言葉の数々を書きとめた。一九九一年末のことであった。

誤解のないように言うが、私の周辺にいた露骨な女性蔑視主義者は、せいぜい四、五人であった。

このクー・クラックス・クランみたいな確信犯的女性差別主義の議員も、「福祉」や「環境」では理解者顔を見せることが多かった。しかし、「男女平等」となると牙をむいた。

こんな議員の破廉恥行為に仕事を邪魔されるたびに、議員を辞めたくなったりもした。しかし、辞めて何かが変わるわけでもない。予算を伴わない改善なら、行政に提案していくことで、ささやかだがそれなりの成果をあげることもできた。

たとえば、都の税金を使ったミスコンテストにブレーキをかけた。女性には昇進機会や教育訓練がほとんどなかった建設業界に、「事業主の皆さんへ」と題するパンフを配布し、男女雇用機会均等法を理解させた。都の労働相談業務にセクシュアル・ハラスメントを入れさせ、被害実態に基づいて、予防と対策をスタートさせた。女子募集定員が極端に少なかった都立高校ナンバースクール（いわゆる名門校）の女子定員を増やさせた。

実効性のある男女雇用平等政策など、女性の人生を左右する諸政策に、真正面から取り組める議員活動をしたかったが、どの政党においても優先順位の上位にはなかったし、今も、そうである。

なぜなのか。

答えは単純だ。女性が差別されないための政策を最重点課題と考える議員、とりわけ女性議員があまりに少ないのだ。

この章に登場した男性たちは、今も存命中である。中には国会議員になっている者もいる。その後、彼らやその周辺の人々の人間観がどう変わったかは知らないが、私を侮辱したときの彼らは、女性を対等な立場の人間だとは思っていなかった。「女なんて男の下にいて当然」という考え方で共通していた。彼らの心に捺された「男尊女卑」の刻印は、おそらく今も、消えていないであろう。

私の調査によると、このような女性差別主義議員は東京都だけではない。全国津々浦々に多数いる。

現在、日本の衆議院に占める女性議員はたったの一一・三％だ。列国議会同盟ＩＰＵによると、二〇一〇年一月三〇日現在、世界の国会（下院）における女性議員率の平均値は一八・八％。日本の一一・三％は世界一八七か国中一二二位。一二〇位のアゼルバイジャン、ルーマニアと、一二三位のトーゴなどの間に位置している。

地方を見れば、九九八町村議会のうち三八三議会で女性議員がいない。市区議会も含めた全国自治体議会では、一八〇四議会中四四三議会が女性議員ゼロ、つまり地方議会の約四分の一に女性が一人もいない。

これでは、「男が主で女が従」という文化、働く女性を差別したり蔑視したりする文化、高齢者・障害者介護や子育てを女性たちに背負わせる文化、がこの社会からなくなるはずもない。

何度でも言うが、女性を見くびって恥じない石アタマを変える近道、それは、社会の諸ルールを決める政治の場の男女比を対等にすることだ。

ノルウェーを見よ！　である。

ヴァイキング時代の家族を描いたタペストリー。男性が遠征している間、女性は土地の管理や領地内の政治を任されたという（オスロ・ヴァイキング博物館 2009）

• 全体 •

Norway: Society and Culture 2nd ed. edited by Eva Maagerø and Birte Simonsen, Portal, 2008

The League of Youth, A Doll's House, The Lady from the Sea, by Henrik Ibsen, Penguin Books, 1965

Ibsen's Women, by Joan Templeton, Cambridge University Press, 1997

Women, Quotas and Politics, edited by Drude Darlerup, Routledge, 2006

（6）「男女平等オンブズの悩み――スターベルさんに聞く」（『桃色の権力』）
（7）http://kilden.forskningsradet.no/artikkel/vis.html?tid=42842
（8）http://www.dagsavisen.no/innenriks/article365190.ece
（9）http://www.klassekampen.no/54730/mod_article/item
（10）http://www.simashaugen.no/
（11）Act of Nominations
（12）「地方の民主主義」（ノルウェー外務省発行 information）
（13）大阪大学人間科学部公開シンポジウム「ノルウェーの政治とボランティア」（講師オーレ・グスタヴ・ナルッド准教授、通訳三井マリ子、1998年10月26日）
（14）『比例代表法の研究』（森口繁治著、有斐閣、1925年発行の復刻版）
（15）LOV 2002-06-28 nr 57: Lov om valg til Stortinget, fylkesting og kommunestyrer (valgloven)
（16）http://www.ostlendingen.no/article/20090902/NYHETER01/840902541, Østlendingen (Onsdag 2. September 2009), Magni Melvær からの聞き取り
（17）www.youth-partnership.net
（18）Act relating to universities and university colleges
（19）http://www.barneombudet.no/
（20）http://www.dagbladet.no/magasinet/2003/07/07/373097.html
（21）http://introengelsk.cappelendamm.no/c35061/artikkel/vis.html?tid=35221
（22）http://www.kim.no/templates/Page.aspx?id=2443

•第6章•

（1）「世界の物笑い、男から始まる出席簿」（『女たちは地球人――叛乱のすすめ18章』三井マリ子・中嶋里美・坂本ななえ共著、学陽書房、1986）
（2）『見わたせばあらッ男ばかり――マリ子先生の「議会通信簿」から』（三井マリ子著、日本実業出版社、1988）
（3）NGO「職場のセクシュアル・ハラスメント・ネットワーク」の調査など。
（4）*Combating sexual harassment at work, Conditions of work digest* Vol.11 No1, 1992, International Labour Office, Geneva
（5）「さらばセクハラ社会党」（『文藝春秋』1993年3月号）
（6）「性の商品化正す女性都議にヤジ」（『婦人民主新聞』木崎志づ香、1990.4.6）

野村羊子（三鷹市議）、陣内泰子（八王子市議）。事務局木村民子（前文京区議）。筆者は中嶋里美と初代代表

(24)「男女平等は最大の福祉」「議会に女が増えるとこう変わる」（『男を消せ！』pp. 253-255）

•第4章•

(1)「ノルウェー女教師の南極点単独行」（『婦人公論』1995年9月号）

(2)『アムンセンとスコット――南極点への到達に賭ける』（本多勝一著、教育社、1986）

(3) NIF http://www.idrett.no/t2.aspx?p=14009

(4) ノルウェースポーツ連盟規約 http://www.nif.idrett.no/files/{715A2D90-286C-4D74-9EC8-A5B1F6663B4A}.pdf

(5) その後、彼女は来日し、ノルウェーの男女平等国内機構について講演をした。http://www009.upp.so-net.ne.jp/mariko-m/nor_Past-Present-Futur_Japanese.html#

(6)「女性の未来」は、ベリット・オースの「五つの抑圧テクニック」と呼ばれる女性の自信を取り戻す指南本に似ている。ベリット・オースが1980年代に設立し理事長・常任講師を務めた「フェミニスト大学 Kvinne universitetet」の前事務局長が、「女性の未来」プロジェクトに名を連ねている

(7) 第4章2は以下の文献からヒントを得た
http://www.europeanpwn.net/
http://www.catalyst.org/
http://www.corporatediversity.no/

•第5章•

(1)「ノルウェーのいま　男女同数内閣が誕生」（『信濃毎日』1997.10.30）

(2) http://www.nrk.no/nyheter/1.6621779

(3) http://www.snl.no/Betzy_Kjelsberg,
http://www.stemmerett.no/tema/personene/betzy_kjelsberg.html

(4) 2007年の統計 Statistics Norway

(5) *My Sisters Telegraphic: Women in the Telegraph Office, 1846-1950 (review)*
Technology and Culture - Volume 42, Number 4, October 2001, pp. 786-787

•第3章•

（1） http://www.kampdager.no/arkiv/barnehager/index.html

（2） http://www.kampdager.no/arkiv/barnehager/artikkel_gulbrandsen.html

（3） http://www.kampdager.no/tilbakeblikk/daghjem.html

（4） ノルウェー中央統計局
http://www.ssb.no/emner/historisk_statistikk/aarbok/ ht-040210-193.html

（5） http://frihet.exblog.jp/10348171/ (Fem-News 2008.12.16)

（6） http://homepage2.nifty.com/norway-yumenet/info/pipi.kouensum.htm

（7） http://www.dagbladet.no/nyheter/2000/08/11/214885.html

（8） *An Action Plan for Gender Equality in Kindergarten and Basic Education 2008-2010*, 2006年1月施行された「ノルウェーの新保育園法」に基づく行動計画

（9） http://www.reform.no/filer/Eksempelsamlingen.pdf

（10） http://www.dn.no/forsiden/politikkSamfunn/article395456.ece

（11） http://www.nrk.no/nyheter/innenriks/4359741.html

（12） http://mi.imaker.no/cgi-bin/mi/imaker?id=15984

（13） http://www.reform.no/filer/Eksempelsamlingen.pdf

（14） http://www.corneliafunk.de/en.html

（15） http://www.uem.gov.si/fileadmin/uem.gov.si/pageuploads/PEUKrabelPaper.pdf

（16） The Children Act
http://www.regjeringen.no/en/doc/Laws/Acts/the-children-act.html?id=448389

（17） 「パパ・クオータ」（『男を消せ！——ノルウェーを変えた女のクーデター』三井マリ子著、毎日新聞社、1999)、『ママは大臣　パパ育児』

（18） 「ルポ——北欧の子育てパパ達」（『エデュケア 21』栄光教育文化研究所、1996.4）

（19） 「子ども手当法」という法律で定められている

（20） http://www.regjeringen.no/en/doc/Laws/Acts/The-Child-Welfare-Act.html?id=448398

（21） アフテンポステン
http://www.aftenposten.no/nyheter/iriks/politikk/article2003611.ece　ノルウェー中央統計局

（22） http://www.ssb.no/english/subjects/00/02/10/likekom_en/

（23） http://www.afer.jp
市民と超党派の議員でつくる女性議員を増やす市民団体。2009年代表

(21) http://www.stemmerett.no/
(22) http://www.sanitetskvinnene.no/
(23) "Fredrikke Qvam:A Woman's Practice of Democracy Before the Suffrage" by Kari Melby
(24) "Fredrikke Qvam:A Woman's Practice of Democracy Before the Suffrage" by Kari Melby
(25) *Referendums in Norway,* by Tor Bjørklund, Institute for Social Research, 1992
(26) "Fredrikke Qvam: A Woman's Practice of Democracy Before the Suffrage" by Kari Melby

•第2章•

(1) http://www.kvinnemuseet.no/ (国立女性博物館ホームページ)
(2) http://www.skoleforum.com/
(3) 『北への道――ノルウェーの男女平等』(男女共同参画ツアー報告書編集委員会、2003)
(4) 現在の子ども・家族省。男女平等を推進する責任省にあたる
(5) Beret Bråten 筆「ミセス・プライム・ミニスター」
http://www.kampdager.no/arkiv/politikk/intervju_gro.html
(6) http://www.snl.no/.nbl_biografi/Gro_Harlem_Brundtland/utdypning
(7) ブルントラント首相の自叙伝 ('Mitt liv 1939-1986', Gyldendal 1997)
(8) http://www.snl.no/.nbl_biografi/Katti_Anker_M%C3%B8ller/utdypning
(9) http://www.kildenett.no/artikler/2007/katt.anker.moller
http://www.snl.no/.nbl_biografi/Johan_Castberg/utdypning
http://www.snl.no/.nbl_biografi/Katti_Anker_M%C3%B8ller/utdypning
(10) http://portretter.no/c48052/artikkel/vis.html?tid=50665
(11) 「先生、私を"おばさん"に渡さないで」by Ellen Aanesen.
http://www.kampdager.no/arkiv/abort/artikkel_aanesen.html
第2章2の妊娠中絶運動の多くは同記事による
(12) http://www.kampdager.no/arkiv/abort/intervju_michelet.html
http://www.snl.no/.nbl_biografi/Else_Michelet/utdypning. ミシェレットに関する項は同文献による
(13) http://www.kvinnefronten.no/
(14) http://www.un.org/popin/icpd/conference/gov/940905192242.html
(15) http://www.skk.uio.no/Arkiv/beritaas/nordiske_hilsener.html

【注・参考文献】

●第１章●

（１） 「ノルウェー男女平等オンブッドに聞く」（『婦人公論』1996 年 12 月号）

（２） 「鉄カブトの女首相、ブルントラントさん」（『桃色の権力――世界の女たちは政治を変える』三井マリ子著、三省堂、1992）

（３） 『世界で仕事をするということ』（グロ・ブルントラント著、竹田ヨハネセン裕子訳、PHP 研究所、2004）

（４） *The Firebrand from Norway　A portrait of Berit Ås*, by Ebba Haslund（ノルウェー語の原書を Betty Nicolaisen が英訳した未公開文書）

（５） 『ノルウェー男女共同参画視察研修リポート』（岡田啓子著、2001）、ならびに http://www.hamar-krisesenter.no/

（６） “The Stuggle for Women's Suffrage in Norway 1885-1913” by Ida Blom, *Scandinavian Journal of History*, vol.5 no.1 (1980), 3-22, 1980

（７） http://www.kampdager.no/arkiv/politikk/artikkel_haslund.html
http://www.kampdager.no/arkiv/politikk/innbydelse_kvinnepolitisk.html

（８） 国連開発計画による、人々の生活の質を測った人間開発指数 HDI のランキング。2009 年、109 か国中ノルウェーが世界一。

（９） Women's Status in Norway 1990 by Likestillings Rådet (Equal Status Council)

（10） 「ママは大臣、パパ育児休業」（『ママは大臣　パパ育児』三井マリ子著、明石書店、1995）

（11） 『北欧史』（百瀬宏他編、山川出版社、1998）

（12） 『桃色の権力』pp. 55-56

（13） Torild Skard, *En halv historie* (13. november 2009)

（14） *The Struggle for Women's Suffrage in Norway, 1885-1913*, by Ida Blom

（15） *The Struggle for Women's Suffrage in Norway,1885-1913*, by Ida Blom

（16） “Fredrikke Qvam: A Woman's Practice of Democracy Before the Suffrage” by Kari Melby, *Women's Politics and Women in Politics,* by Sølvi Sogner and Gro Hagemann (eds.), Universitetet in Bergen og Cappelen Akademisk Forlag. 第 1 章 4 の多くは同文献からヒントを得た

（17） *Kamp for nasjon og stemmerett*, by Aslaug Moksnes

（18） http://www.snl.no/.nbl_biografi/Ragna_Nielsen/utdypning

（19） http://www.snl.no/.nbl_biografi/Viggo_Ullmann/utdypning

（20） *The Struggle for Women's Suffrage in Norway, 1885-1913*, by Ida Blom

初の空軍パイロットに
1991　新婚姻法が施行され、配偶者は相手の同意なしに離婚を要求できる
カーシ・クルマン・フィーヴェ、保守党初の女性党首に
アンネ・エンゲル・ラーンスタイン、中央党初の女性党首に
アン＝マリット・セーボネス、女性初のオスロ市長に
1992　社会保険法が改正され、7歳までの子どもの世話を無償でしている者に年金ポイントを最大3点加算
ルーシィ・スミス、女性初のオスロ大学学長に
1993　ヒシュティ・コッレ・グロンダール、女性初の国会議長に
ローズマリー・クー、女性初の監督（カトリックの司教にあたる）に
大学卒業生の51%が女性に
パパ・クオータ制導入で、父親に4週間の育児休業
全育児休業期間を、就業時間の短縮と併せて取得できる「タイム・アカウント制」が可能に
キリスト教民主党、40%クオータ制導入
1994　リヴ・アーネセン、女性では世界初の南極点単独踏破
1995　無給の育児休業の期間が1年から3年に
スールヴァイ・クレイ、女性では世界初の潜水艦指揮官に
ヴァルゲール・スヴァルスタッド・ハウグラン、キリスト教民主党初の女性党首に
1996　政府、DV防止アラームの女性への提供などDV対策のため具体策を拡充
ニタ・カプール、文化省の政策アドバイザーに就任し、非西欧人女性初のトップ官僚に
1997　男女平等センター創設
1999　ベリット・オーヴェセン、女性初の空軍大佐に
エルビョルグ・ルーヴェル（自由党）、女性初の防衛大臣に
ルビナ・ラナ（労働党、パキスタン生まれ）、非西欧人移民初の建国記念日式典委員会委員長に
2001　アフシャン・ラフィーク（保守党）、非西欧系女性として初めて国会議員に
ゲルド＝リヴ・ヴァッラ、女性初の労働組合総連合LO代表に
2002　男女平等法改正案が国会を通過。セクシュアル・ハラスメント禁止、男女平等推進行動計画の提出義務づけ
女性への暴力の防止と廃絶に向けて（加害者の）行動制限規定が厳格に
エリザベス・ナトヴィック、女性初のノルウェー海軍指揮官に
2003　男女平等法の新条項が施行され、公的組織ならびに民間企業雇用主の年次報告書、男女平等推進の報告義務化
2005　クリスティン・ハルヴォシェン、女性初の財務大臣に
アイリ・ケスキタロ、女性初の「サーミ国会」議長に
2006　平等・反差別オンブッド、平等と反差別控訴委員会が新設（男女平等オンブッドと男女平等控訴委員会は廃止）
会社法改正で、取締役会には一方の性が少なくとも40%に
女性志願兵の試験・訓練が男性（兵役）と同じ方法に
陸軍中佐イングリッド・ヤルデ、王宮警備隊の隊長に
シーヴ・ヤンセン、進歩党初の女性党首に
2007　ストルテンベルグ首相、内閣閣僚の53%を女性に
マニュエラ・ラミン＝オスムンセン、子ども・平等大臣（前の子ども・家族大臣）に就任し、黒人かつ非ノルウェー語圏人初の内閣閣僚に

Milestones in Norwegian women's history by Equality and Anti-Discrimination Ombud,「ノルウェーの女たちの社会進出年表」（拙著『男を消せ！――ノルウェーを変えた女のクーデター』毎日新聞社、1999年）をもとに作成

れ、「スポーツはすべての人に、スポーツの機会は男にも女にも、どんな年齢の人にも」という要求が掲げられる
男女平等、労働党の正式な政治プログラムに明記される
民主社会党、50%クオータ制導入。国会議員の15%が女性議員に
1974 農地保有権法が改正され、息子と娘への相続権が平等に
エヴァ・コルスタ、自由党初の女性党首に。同党、40%クオータ制導入
1975 保育園法が施行され、全地方自治体に保育園の設立・発展のためのプログラム策定を義務づけ
ベリット・オース、左派社会党の初代党首に。同党、40%クオータ制導入
1976 ノルウェーサッカー連盟理事会、女性のサッカー組織を正式承認
1977 労働環境法改正され、出産での休業の権利拡大
社会保険法改正され、出産休業期間が12週間から18週間に
行政・消費者問題省内に、家族・男女平等部創設
ノルウェー研究審議会に女性問題研究事務局創設
1978 国際女性デーに2万人が参加
妊娠中絶法施行で、女性が中絶の最終決定権獲得
男女平等法成立で、男女平等オンブッドと男女平等訴追委員会の創設がうたわれる
第1回全国女性サッカー選手権大会開会
北欧初の女性の駆け込み施設「カミラ」、オスロにオープン
1979 男女平等法施行。世界初の男女平等オンブッド誕生し、エヴァ・コルスタ第1号に。男女平等控訴委員会誕生
マーケティング法改正で、広告における男女差別禁止
市民権法改正で、外国人の男性とノルウェー人女性との間の子どもにもノルウェー国籍取得権が認められる
1980 個人氏名法が改正され、出生後、半年以内に届け出がない子の苗字は母親の苗字となる
1981 グロ・ハーレム・ブルントラント、女性初の首相に。閣僚大臣に女性3人が就任
男女平等法改正で、公的委員会・審議会には両性の代表が入ることに
1982 ILO 165条勧告、156号条約が国会で批准され、家族的責任を持つ者、働く場の男女平等の機会・待遇促進の対象に
男女の地位の平等が、経済界と労働組合間の主要合意事項に
新子ども法が施行され、子への両親の平等責任、子の自己決定権、子の生活にかかわる決定への子の参加が定められる
1983 女性志願兵の男性兵（強制）と同じ期間兵役従事を国会が認める
労働党、40%クオータ制を導入。このルールは政府組閣にも適用
マラソンのグレーテ・ワイツ走者、ヘルシンキで開かれた世界選手権大会で優勝
被虐待女性への行動計画、国会へ。女性の駆け込み施設への公的支援スタート
1984 軍隊の指示原則はすべてのレベルで男女平等にすると国会が宣言
1985 海兵隊法改正で、新海兵隊となれる年齢制限は男女で同一に
1986 国会、男女平等推進に向けて新計画を採択
政府、内閣閣僚の44%を女性に（世界初）
1987 この年以降、18週だった育児休業が年々増える
すべての省に男女平等を推進する行動計画策定が義務づけられる
1988 男女平等法の21条が強化され、すべての公的委員会などに両性が少なくとも40%とするクオータ制導入
1989 保守中道内閣で大臣の44%が女性に
中央党、40%クオータ制導入
1990 憲法改正で、女性にも王位継承権が認められる
メッテ・グルッテラン、ノルウェー女性

1924　カッティ・アンケル・ムッレル、母親保健センターをオスロに創設
1925　オーサ・ヘルゲセン、ウトシラ市長に（女性初の首長）
1927　新婚姻法により、夫婦間に経済的・法的平等が認められる
1936　労働者保護法により、妊婦に分娩前後それぞれ6週間の育児休業が認められる。同時に、育児休業後の職場復帰では同じ職につくことを保障される
1937　離婚の際、アリモニー（夫から妻への扶養料）を強制的に支払わせる法律が成立
1938　女性にも大臣職に就任する権利。キリスト教会審議会の認可事項だった牧師就任を含めてすべての公職に就任する権利が女性に与えられる
初のノルウェー女性ハンドボール選手権大会
1939　最高裁判所、「結婚は解雇理由にはならない」と判決
1945　ヒシュテン・ハンステーン、戦後の連立内閣において、受刑者や難民の監護をする諮問的高官に就任し、女性初の入閣
クラウディア・オルセン（保守党）、国会の健康関連問題委員会委員長に（女性初の委員長）
1948　アスラウグ・オースラン、保健社会問題大臣に（女性初の大臣）
1949　エディット・カルマール、女性初の映画監督に
1950　新市民法により、外国人と結婚したノルウェー人女性にもノルウェー市民権を保持する権利が認められる。ノルウェー人の母と外国人の父の間に生まれた子は父の国籍
1952　女性にも牧師になる権利が認められる
1954　ノルウェー女性スキー選手権大会
1956　公職への女性の就任制限法の撤廃
子ども・家族省の創立
1959　夫婦に対して別々に所得税が課税される法律の成立
政府、ILO100号条約（男女同一賃金の原則）を批准し、男女平等賃金審議会を新設
市民学校法により、都市・地方すべての学校が初めて国家管理に。義務教育の9年間、男女は同一の教育課程で学び卒業することに
1961　労働組合連合と経営者連盟、男女平等賃金原則の実行で合意
イングリッド・ビェルコース、女性初の教区牧師に
1964　新個人氏名法が施行され、女性は結婚後も元の氏を名乗れるように。子は父親の苗字も可
1965　ノルウェー史上、初めて女性閣僚が複数に（法務大臣と子ども・家族大臣）
1966　社会保険法改正され、未婚の母親の権利拡大
1967　候補者リストの男性候補を削除する「女性の選挙キャンペーン」により、女性市議9.5％に
1968　リリー・ヘレナ・ブールヴィーケン、女性初の最高裁判事に
1971　離婚・別居夫婦に関する暫定法、施行される
新教育課程の制定で、男女平等の促進に拍車がかかる
地方選挙での「女の選挙キャンペーン」が奏功し、アスケル、オスロ、トロンハイムの3市議会の過半数が女性議員に
ノルウェー体育教育大学で初の女性サッカー選手権大会（非公式）
1972　男女平等賃金審議会は男女平等審議会と変わり、社会のすべての分野における男女平等推進が対象に
女性を参加させないホルメンコーレン・リレー・レースに抗議したゲルド・フォン・デル・リッペ、男性名で申し込み競技に参加。1975年、女性にもホルメンコーレン・リレー・レース参加が認められる。参加したゲルド・フォン・デル・リッペ、チームに勝利
1973　「73年スポーツ・アクション」が創設さ

年表――ノルウェー女性の闘いの歩み

1839 「他に生きるすべのない40歳以上の弱い女性」は職人になること、認められる
1842 扶養者のいない女性に働く権利、与えられる
1845 25歳になった女性、未婚に限り未成年男性と同じ法的権利を認められる
1854 遺産分割、息子の2分の1だった娘の権利が息子と同等に
1855 カミラ・コレット『知事の娘』著す
1856 ジョセフィーン・テラーネ、女性初の労働組合新聞編集者に
1858 電報電話局で、女性初の公務員誕生
1860 地方の小学校の教職の門戸が女性に開かれる。都市は1869年
1863 25歳になった女性、未婚に限り成人男性（21歳）と同じ法的権利に。しかし結婚と同時に同権利は剥奪
1866 すべての女性、男性と同様の職人になる権利を認められる
1869 21歳になった女性、未婚に限り男性と同じ法的権利を認められる
1874 シャルロッテ・ルンドがスタヴァンゲルの中学校の試験に合格。2年後、教育省は「少女たちに中学校の試験を受けさせないという障害はなくなった」と発表
1875 クリスチャニア（オスロの別名）に「女子工芸学校」開校
1879 ヘンリック・イプセン『人形の家』著す
1882 女性にも大学受験の権利が認められる。セシリエ・トーレセン、女性初の大学生に
1884 大学のどの学部でも学べる権利と卒業試験を受ける権利が女性にも認められる
ノルウェー女性の権利協会が創設され、ギーナ・クローグが代表に
1885 ラグナ・ニールセン、男女共学の第1号校を創設
1888 新婚姻法制定で、成人でいられる権利や財産分与の権利が既婚女性にも与えられる
1889 女性も学校理事会会員になることが認められる。5月17日の建国記念パレードの少女参加が認められる
マッチ工場の女工、賃上げ、労働条件改善、勤務時間の短縮をストで求める
1895 蒸留酒販売に関する住民投票に女性が初めて参加
1898 全国女性参政権獲得協会が創設され、フレドリッケ・マリエ・クヴァムが代表に
1900 地方自治体の貧民救済委員会委員となることが女性にも認められる
1901 女性の選挙権が制限つきで認められ、地方自治体で女性が選挙で選ばれることが可能に
1905 スウェーデン連合からの独立を求める国民投票。参政権のない女性たち30万人、署名で独立の意思を国会に表明
1906 マティルデ・シュット、女性初の政府官僚に
数学者マリー・アン・エリザベス　スティファンセン、女性初のノルウェー農業大学教職に
1907 一定の収入のある女性に国政選挙権与えられる
1910 エルサ・ラウラ・レンベルグが、ブルースカンケン・サーミ女性協会を創設し、初のサーミ女性組織誕生
女性に地方議会参政権が認められ210人当選
1911 アンナ・ログスタ、国会の代理議員から女性初の国会議員となる
1912 女性にも内閣閣僚を除くすべての公職につく権利が認められる
クリスティーネ・ボンネヴィ、オスロ大学初の女性教授に
1913 全成人女性に参政権が認められる
1915 カストベルグ法施行により全ての子に、親が結婚しているか否かに関係なく同一の法的権利が認められる（世界初）
1921 カーレン・プラトー、選挙で当選した女性初の国会議員に

あとがき

国際女性デーの今日三月八日は、世界の女性たちが差別撤廃の成果を祝い、連帯を確かめ合う日だ。日本では、月曜に休みを取りにくいために一日前倒しして昨日の日曜日に、東京渋谷でパレードがあり、私も参加した。

「おんな子どもへの暴力はしつけじゃない」

「家庭も議会も男女平等に」

「夫婦別姓を認めろ」

「もっと保育所を」

「堕胎罪を撤廃せよ」

「セクハラのない職場を」

「女性の賃金を上げろ」

シュプレヒコールをしながら、あらためて怒りが込み上げてきた。どれもノルウェーではとっくの昔に解決ずみのテーマではないか。

日本とノルウェーの、この気の遠くなるような違い！

しかも、ベリット・オースやオンブッドや女性運動家たちは、「ノルウェーの男女平等はまだまだ完成には程遠い」と言い、闘いの矛先を鈍らせない。日本とノルウェーとの格差は広がるばかりである。

ノルウェー女性の解放を求める闘いを振り返ってみると、まずもって感嘆するのは、変革への強靭な意志である。そして行動力！　イプセンの『人形の家』の主人公ノラに象徴されるような「自立」「平等」「自由」を希求する女性たちの思いは、真っ赤なマグマとして地中深くに蓄えられ、それがやがて地殻をじわりじわりと割りながら上昇して、数々の地殻変動を引き起こした。

こんな素敵な人間ドラマをなにがなんでも日本に知らせたい、日本の遅れを取り戻したい、と私もマグマみたいに熱くなって取材を続け、深夜までパソコンに向かった。


そもそもノルウェーの多くの友人知人の助けがなければ、この本はできなかった。ノルウェー国営放送のベンテ・シェルヴァンは温かい友情で支えてくれた。オーレ・グスタヴ・ナルッド、彼の家族、愛犬フライヤ、彼の友人たちの応援の輪は、大天使ミカエルのように、私を守ってくれた。言葉に尽くせないほどの感謝！

ノルウェー王国大使館のカーリ・ヒルト参事官からは多くのヒントを、仙波亜美さんからは幾多もの的確な助言をいただいた。深謝！

本書の出版の機会を与えてくださった明石書店の黒田貴史さん、複雑な編集作業を引き受けてくださった伊得陽子さん。お二人は、私のせっかちな要望に応えて、迅速かつ丁寧に仕上げてくださった。そのプロフェッショナリズムにトゥースンタック（本当にありがとう）！

日本各地で、自分を犠牲にすることも厭わずに女性差別撤廃のために闘っている多くの女性たちの勇気に、どれだけ励まされたことか。これからも頑張ろうね。

最後に、私の家族「クマ」「ルーナ」「マンリーコ」に、心からありがとう。そして、家族以上の家族である、あなたにも……。

二〇一〇年三月八日

国際女性デー一〇〇周年に格別の思いを込めて

三井マリ子

本書では敬称を略させていただいた。また人物の年齢、役職、政党名などは、取材時のものである。

なお、本文の一部は、共同通信社を通じて配信されたり、『日本経済新聞』『東京新聞』『京都新聞』『週刊金曜日』『ノルウェー王国大使館ホームページ・ニュース』『婦人公論』『AFER』『女性ニューズ』（現在休刊）『インターネット新聞JANJAN』に掲載された記事に、大幅に加除・修正を加えたものであることをお断りする。

追伸

この「あとがき」のゲラを点検している真っ最中の二〇一〇年三月三〇日、大阪高等裁判所の塩月秀平裁判長は、「大阪府豊中市の女性センター『すてっぷ』の館長排斥行為は『人格権侵害』である」との判決を下した。

実は、同裁判の原告はこの私（すてっぷ初代館長）、被告は豊中市と男女共同参画推進財団である。裁判長は、「すてっぷ」が男女平等を毛嫌いする一部勢力（市議やその支援団体）から陰湿かつ執拗な組織的攻撃にさらされていたことを認め、その勢力の攻撃に屈して館長を排斥した市と財団に損害賠償を命じた。

日本中を見渡せば、こうした勢力は、まだまだ、しぶとく根を張っている。私のノルウェー・ルポが、こんな勢力へのカウンターパンチになることを願っている。

三井　マリ子（みつい　まりこ）

女性政策研究家。1948年生、お茶の水女子大学卒、米コロンビア大学修士号取得（フルブライト奨学生）。都立高校教師から都議会議員になり2期務める。都に実施させたセクシュアル・ハラスメント対策は全国の自治体に影響を与えた。大学講師を経て大阪府豊中市男女共同参画推進センター初代館長、福井県武生（現越前）市初代男女平等オンブッドを歴任。その傍ら、全国フェミニスト議員連盟（初代代表）など多くの女性解放運動に参画。ノルウェーの「クオータ」など男女平等推進制度を執筆や講演で紹介し続ける。

主な著書『セクハラ110番』（集英社、1994）、『ママは大臣　パパ育児――ヨーロッパをゆさぶる男女平等の政治』（明石書店、1995）、『男を消せ！――ノルウェーを変えた女のクーデター』（毎日新聞社、1999）、『女たちのパワーブック』（ノルウェー労働党女性局編、共訳、かもがわ出版、2004）。

ブログFEM-NEWS（http://frihet.exblog.jp/）で世界の女性ニュースを翻訳紹介している。

ノルウェーを変えた髭のノラ

――男女平等社会はこうしてできた

2010年4月25日　初版第1刷発行
2023年4月30日　初版第3刷発行

著　者　　三　井　マリ子
発行者　　大　江　道　雅
発行所　　株式会社　明石書店

〒101-0021　東京都千代田区外神田6-9-5
電　話　03（5818）1171
ＦＡＸ　03（5818）1174
振　替　00100-7-24505
https://www.akashi.co.jp

組版・装丁　明石書店デザイン室
印刷　モリモト印刷株式会社
製本　モリモト印刷株式会社

※ 権利者を明記した写真以外は三井マリ子撮影

（定価はカバーに表示してあります）　ISBN978-4-7503-3157-7